*lo primero
y lo segundo*

Ensayos sobre teología y ética

lo primero y lo segundo

C. S. Lewis

GRUPO NELSON
Desde 1798

Título en inglés: *First and Second Things*
© 1985 por C. S. Lewis Pte. Ltd.
Publicado por Fount Paperbacks
Realizado y publicado en Gran Bretaña por: William Collins Sons & Co.
Ltd, Glasgow.

Traducción: *Alejandro Pimentel* y *Juan Carlos Martín Cobano*
Adaptación del diseño al español: *Setelee*

ISBN: 978-1-40024-160-6
eBook: 978-1-40024-005-0

Número de control de la Biblioteca del Congreso: 2022936159

Contenido

Prefacio vii

1. Bulverismo 1

2. Lo primero y lo segundo 11

3. Sobre la lectura de libros antiguos 17

4. Esas espantosas cosas rojas 27

5. Trabajo y oración 33

6. Dos conferencias 37

7. Meditaciones en un cobertizo 41

8. El sermón y el almuerzo 47

9. Sobre la transmisión del cristianismo 53

10. El declive de la religión 59

11. Vivisección 67

12. Traducciones modernas de la Biblia 73

13. Reflexiones 79

14. La teoría humanitaria respecto al castigo 83

15. Exmas y Crissmas 101

16. ¿Avivamiento o declive? 105

17. Antes de que podamos comunicarnos 111

Prefacio

El 26 de octubre de 1769, Boswell le dijo al doctor Johnson: «Si estuviera usted encerrado en un castillo con un niño recién nacido, ¿qué haría?». «Vaya —respondió el doctor Johnson—, pues no estaría muy contento con mi compañía». Sin embargo, Boswell perseveró en sus preguntas sobre la crianza del niño hasta que el doctor Johnson respondió algo azorado: «Señor, puedo decirle que no *consentiría* al niño».

El doctor Johnson era tan digno de atención en casi cualquier tema que era inevitable que le hicieran algunas preguntas muy extrañas. C. S. Lewis me dijo que daba gracias por no haber sido nunca preguntado acerca de qué haría con un bebé. Aun así, dudo que, desde el doctor Johnson, haya habido muchas personas a las que se haya pedido consejo con tanta frecuencia y sobre tantos temas como a Lewis. Es una pena que no existiera un Boswell que grabara su conversación, pero tenemos la suerte de que escribiera sobre gran variedad de temas. Por otra parte, soy una de las personas a las que Lewis decía en ocasiones: «No sé lo suficiente para tener una opinión sobre eso». Cuando se creía demasiado ignorante para escribir sobre algunas de las cosas que le preguntaban, decía a sus interlocutores: «la vaca ya no da más» o «el té está ya tan aguado que no se puede llamar así» o «la manija empieza a crujir de tanto usarla». Pero, al igual que el doctor Johnson, si Lewis tenía una opinión fundamentada acerca de algo sobre lo que creía que debía escribir, se esforzaba por hacerlo bien.

Como he editado otras obras de Lewis, mucha gente me escribe preguntando qué pensaba Lewis sobre la educación religiosa en las escuelas, la pena capital, la mercantilización de la Navidad y otras muchas cosas. Los que me escriben suelen expresar su decepción e incluso su furia ante esos obispos y clérigos con una teología tan «ancha» que no tiene sentido consultarlos. En realidad, cuesta entender cómo estos ministros pudieron llegar a su mediana edad sin haber descubierto la verdad que contiene la advertencia del decano W. R. Inge: «Quien se casa con el espíritu de la época no tarda en quedarse viudo». En las cartas que recibo me preguntan qué creía *Lewis*, con su inquebrantable certeza sobre la fe cristiana, sobre diversos temas. Les he tenido que explicar —como hago aquí— que muchos de los mejores ensayos de Lewis se publicaron bajo el título *Undeceptions: Essays on Theology and Ethics* (1971) y que la crisis económica desaconsejaba la reedición de un volumen tan extenso. Hay un libro de bolsillo publicado en Fount, *God in the Dock*, que contiene selecciones de *Undeceptions*. Esta es otra selección del libro original y contiene ensayos sobre la educación religiosa en las escuelas y los otros temas mencionados anteriormente.

Con una notable excepción —«La teoría humanitaria respecto al castigo»—, creo que los ensayos de esta colección se escribieron a petición de personas que se los solicitaron a Lewis. Agradezco a todos los editores que me permitieron reimprimirlos por primera vez en *Undeceptions*. Reitero mi agradecimiento por su permiso y por aportar las fuentes originales de los ensayos que componen *Lo primero y lo segundo*.

1) «Bulverismo *o* Los cimientos del pensamiento del siglo XX» es el título que Lewis le dio al ensayo que apareció como «Notes on the Way» en *Time and Tide*, Vol. XXII (29 marzo 1941) p. 261.

(2) «Lo primero y lo segundo» es el nombre que Lewis le dio a este ensayo que apareció por primera vez como «Notes on the Way» en *Time and Tide*, Vol. XXIII (27 junio 1942) pp. 519-20.

(3) «Sobre la lectura de libros antiguos» es el título que yo le he dado al prefacio de Lewis a la edición inglesa de *La encarnación del Verbo de Dios*, de san Atanasio, traducido por una religiosa de la C.S.M.V., publicado por primera vez por Geoffrey Bles Ltd. en 1944 y por A.R. Mowbray and Co. Ltd. en 1953.

(4) «Esas espantosas cosas rojas» se publicó originalmente en el *Church of England Newspaper*, Vol. LI (6 octubre 1944) pp. 1-2.

(5) «Trabajo y oración» apareció por primera vez en *The Coventry Evening Telegraph* (28 mayo 1945) p. 4.

(6) «Dos conferencias» es el título de Lewis para un ensayo publicado originalmente como «Who was Right - Dream Lecturer or Real Lecturer?» (¿Quién tenía razón: el conferencista de los sueños o el real?) en *The Coventry Evening Telegraph* (21 febrero 1945) p. 4.

(7) «Meditaciones en un cobertizo» es una reimpresión del texto de *The Coventry Evening Telegraph* (17 julio 1945) p. 4.

(8) «El sermón y el almuerzo» es una reimpresión a partir del *Church of England Newspaper*, nº 2692 (21 septiembre 1945) pp. 1-2.

(9) «Sobre la transmisión del cristianismo», que trata principalmente de la educación religiosa en las escuelas, es el título que yo le he puesto al prefacio de Lewis al libro de G. B. Sandhurst *How Heathen is Britain?* (Collins, 1946).

(10) «El declive de la religión» está tomado de una publicación periódica de Oxford, *The Cherwell*, Vol. XXVI (29 noviembre 1946) pp. 8-10.

(11) «Vivisección» apareció por primera vez como un folleto de la New England Anti-Vivisection Society (1947) y fue reimpreso en este país por la National Anti-Vivisection Society (1948).

(12) «Traducciones modernas de la Biblia» es el título que le he dado al prefacio de Lewis al libro de J. B. Phillips *Letters to Young Churches A Translation of the New Testament Epistles* (Geoffrey Bles Ltd, 1947).

(13) «Reflexiones» se escribió a petición de las Misioneras Médicas de María que fundaron el Hospital de Nuestra Señora de Lourdes en Drogheda, Irlanda, y fue publicado en *The First Decade: Ten Year' Work of the Medical Missionaries of Mary* (Dublín: At the Sign of the Three Candles, 1948) pp. 91-4.

(14) No sé a qué editorial inglesa envió Lewis «La teoría humanitaria respecto al castigo». Se publicó por primera vez en el *20th Century: An Australian Quarterly Review*, Vol. III, n° 3 (1949) pp. 5-12. Al final del ensayo, Lewis añadió esta posdata: «Una última palabra. Quizá se pregunten por qué envío esto a una revista australiana. La razón es sencilla y quizá valga la pena dejar constancia de ella: no tengo audiencia para este tema en Inglaterra». El ensayo sí encontró una audiencia seria en Australia y dos criminólogos, Norval Morris y Donald Buckle, publicaron «A Reply to C.S. Lewis» en *20th Century*, Vol. VI, n.º 2 (1952). Después de esto, el ensayo de Lewis y la «Respuesta» de los doctores Morris y Buckle se reimprimieron en la revista australiana de derecho *Res Judicatae*, Vol. VI (junio 1953), pp. 224-30 y pp. 231-7. Luego J. J. C. Smart escribió su «Comment: The Humanitarian Theory of Punishment» en *Res Judicatae*, Vol. VI (febrero 1954). Esto hizo que Lewis escribiera «"On Punishment": A Reply» —una respuesta a los tres— que se publicó en *Res Judicatae*, Vol. VI (agosto 1954) pp. 519-23. Más tarde, cuando Lewis permitió que la revista inglesa *The Modem Churchman* reimprimiera su ensayo original, eliminó la posdata. Desde entonces se ha reimpreso en varias colecciones estadounidenses de ensayos sobre la pena capital y temas relacionados. De todos los ensayos de Lewis, este es uno de los más respetados y, desde luego, el más controversial. Este libro contiene el ensayo original así como «On Punishment: A Reply», de Lewis.

(15) «Exmas y Crissmas: Un capítulo perdido de Heródoto» se publicó por primera vez en *Time and Tide*, Vol. XXXV (4 diciembre 1954) p. 1607.

(16) «¿Avivamiento o declive?» es una reimpresión a partir de *Punch*, Vol. CCXXV (9 julio 1858) pp. 36-8.

(17) «Antes de que podamos comunicarnos» se publicó originalmente en *Breakthrough*, n° 8 (octubre 1961) p. 2.

Cabe mencionar que todas las notas a pie de página son mías, excepto la número 10 de la página 93, la número 12 de la página 94 y las número 13 y 14 de la página 96, que son de Lewis.

Como he dicho, C. S. Lewis se alegró de que nadie le preguntara cómo criaría a un niño pequeño en un castillo, y nos reímos de ese incidente que aparece en la biografía del doctor Johnson que escribió Boswell. Creo que fue porque Lewis pensó (acertadamente) que yo pensaba hacerle la misma pregunta por lo que me dijo: «¿Qué haría si estuviera encerrado en un castillo con un teólogo liberal ansioso por explicarle la resurrección, la encarnación y el nacimiento virginal de Cristo?» «Estoy seguro —le contesté—, de que me volvería loco» «No tiene por qué —dijo Lewis—. Siempre que tenga que escuchar a un teólogo liberal explicar por qué no se puede creer en alguna doctrina de la Fe, pídale, en cuanto termine su explicación, que repita lo que ha dicho. Verá que no podrá decir lo mismo por segunda vez sin caer en una confusión aún mayor». Nunca he estado encerrado en un castillo con un teólogo liberal, pero sí he pedido a muchos que repitieran lo que acababan de decir. Lewis tenía razón: la repetición exacta de un absurdo es imposible. Los ensayos que publicamos en este libro son la prueba de que Lewis nunca se casó con el espíritu de la época. Ni siquiera coqueteó con él.

28 de enero de 1985
Oxford

Walter Hooper

I. Bulverismo

o Los cimientos del pensamiento del sigo xx (1941)

Es un desafortunado descubrimiento que nos demos cuenta de que existimos, tal como Emerson dijera en alguno de sus escritos. Lo que quiero señalar es el infortunio de que, en vez de prestar atención a una rosa, se nos fuerce a que pensemos en nosotros mismos pero vislumbrando la rosa, usando cierta clase de mentalidad y perspectiva. Es desafortunado porque, si no tienes mucho cuidado, el color de la rosa termina atribuido a nuestros nervios ópticos y su aroma a nuestro olfato, y al final no queda rosa alguna. A los filósofos profesionales les ha molestado esta supresión generalizada del conocimiento en los últimos doscientos años y el mundo les ha prestado muy poca atención. Sin embargo, el mismo infortunio se produce en la actualidad a un nivel que todos podemos comprender.

Hace poco que «hemos descubierto que existimos» en dos sentidos distintos. Los freudianos han descubierto que existimos como un manojo de complejos. Los marxistas han descubierto que existimos en calidad de miembros de una clase social. En los viejos tiempos se suponía que si una cosa parecía obvia a cien hombres, entonces era de hecho cierta. Hoy en día, los freudianos te dirían que habría que analizar a aquellos cien: descubrirás que todos ellos piensan que Isabel I fue una gran reina porque todos ellos sufren de un complejo materno. Sus pensamientos están contaminados desde la raíz. Y los marxistas te dirían que analices los intereses económicos de los cien: descubrirás que todos ellos creen que la libertad es algo positivo porque todos forman parte de la burguesía, cuya prosperidad va en aumento debido a la política de *laissez faire*.

Sus pensamientos están contaminados por su «ideología» desde la raíz.

Esto es obviamente muy divertido, pero la gente no siempre se ha dado cuenta de que hay un precio que se tiene que pagar por todo ello. Hay dos preguntas que deberían hacerse las personas que suelen plantearse estas preguntas. La primera de ellas es la siguiente: ¿están *todos* los pensamientos contaminados desde la raíz o solo algunos de ellos? La segunda pregunta es: ¿la contaminación anula o no anula el pensamiento contaminado, en el sentido de convertirlo en una falsedad?

Si dicen que *todos los pensamientos* están contaminados, entonces, obviamente, debemos recordarles que tanto el freudianismo como el marxismo son sistemas de pensamiento así como lo son la teología cristiana y el idealismo filosófico. Los freudianos y los marxistas están en el mismo saco junto con el resto de nosotros y no pueden criticarnos desde un punto de vista externo. Han cortado la rama en la que se encontraban sentados, por decirlo así. Ahora bien, si por otro lado dijeran que la contaminación no necesariamente anula su pensamiento, entonces tampoco tienen por qué anular el nuestro. En tal caso, han logrado salvar su propia rama y de paso la nuestra.

Lo único que realmente pueden afirmar es que algunos pensamientos están contaminados y otros no lo están, lo cual tiene la ventaja (si es que los freudianos y los marxistas llegasen a considerarla una ventaja) de ser lo que todo ser humano sensato siempre ha creído. Pero si así fuese, deberíamos preguntarnos cuáles pensamientos están contaminados y cuáles no. No vale en lo absoluto la pena decir que los pensamientos contaminados son aquellos que concuerdan con los deseos ocultos del pensador. *Algunas* de las cosas en las que debería creer tienen, de hecho, que ser ciertas. Es imposible concebir un universo que contradiga los deseos de todos los demás, en todos sus aspectos y en todo momento. Supongamos que, luego de sacar cuentas, llegase a creer que tengo un gran saldo en mi cuenta bancaria. Y supongamos que tú quieres verificar si esta creencia mía es tan solo «un deseo», una «ilusión». Jamás podrás llegar a alguna conclusión si examinas mi estado psicológico. La única manera de poder descubrir el estado de mi cuenta bancaria es sentarte a sacar cuentas tú mismo. Entonces, únicamente *luego* de haber verificado mi cuenta podrás saber si tengo o no tengo un saldo. Si concuerdas con que mi aritmética está acertada, no importará cuánta fanfarronería ofrezcas acerca de mi condición psicológica porque todo ello será una pérdida de tiempo. Si descubres que mi aritmética estaba equivocada, quizá sea pertinente hallar una explicación psicológica de cómo llegué a tener una aritmética tan mala, y entonces esa doctrina de los deseos ocultos será pertinente, pero tan solo luego de que tú mismo hayas hecho la suma y resta y hayas confirmado que yo estaba equivocado según razones estrictamente aritméticas. Sucede lo mismo con todo pensamiento y todos los sistemas de pensamiento. Si tratas de descubrir cuáles de ellos están contaminados especulando acerca de los deseos del pensador, lo único que lograrás es hacer el ridículo. Lo primero que tienes que hacer es descubrir siguiendo un razonamiento estrictamente lógico cuál de ellos es falso. De hecho, lo tendrás que hacer como una secuencia de argumentos. Después, si quieres, dedícate a descubrir las causas psicológicas del error.

En otras palabras, debes demostrar *que* la persona está equivocada antes de empezar a explicar el *porqué* de su equivocación. El método moderno da por sentado y sin discusión alguna *que* esa persona está equivocada y luego se aparta del asunto (que es el único asunto real) tratando de explicar la razón por la que se comporta de esa manera. A lo largo de estos últimos quince años, he descubierto que este vicio es tan común que me he visto en la necesidad de inventarle un apelativo. Lo he llamado «bulverismo». Uno de estos días intentaré escribir la biografía de su inventor imaginario, Ezekiel Bulver, cuyo destino fue resuelto a la edad de cinco años cuando oyó que su madre le decía a su padre —el cual alegaba que la suma de los dos lados de un triángulo es mayor que el tercer lado—:

«Dices eso solamente *porque eres hombre*». Ezekiel Bulver nos cuenta con toda certeza: «En aquel mismo instante, pasó por mi amplia mente un destello de aquella verdad: que en todo argumento la refutación no es necesaria. Debes dar por sentado que tu oponente está equivocado y luego explicar su error, y así el mundo caerá a tus pies. Intenta demostrar que tu oponente está equivocado o (peor aún) trata de descubrir si está equivocado o acertado, y entonces la dinámica nacional de nuestros tiempos te convertirá en el hazmerreír de todos». Así es como Bulver se convirtió en uno de los artífices del siglo XX.

Me encuentro con los frutos de su descubrimiento casi por doquier. Gracias a ello, he descubierto que mi religión ha sido desacreditada con este argumento: «Aquel cómodo clérigo tenía toda la razón para asegurarle al obrero del siglo XIX que su pobreza sería recompensada en la vida venidera». Ya veo que no tenía duda alguna. Empezando por la presuposición de que el cristianismo es un error, me doy cuenta muy rápidamente de que algunos aún se sienten motivados para repetirlo con ahínco. Lo veo con tanta facilidad que podría, obviamente, seguir la corriente, pero desde el otro lado, afirmando que «El hombre moderno tiene toda la razón para tratar de convencerse a sí mismo de que no hay consecuencias eternas detrás de la moral que ha rechazado». Porque el bulverismo es ciertamente un juego democrático genuino en el sentido de que todos lo pueden jugar todo el día y que no le otorga un privilegio injusto a esa pequeña y repudiable minoría que razona. Pero se ve claro que no nos acorta la distancia ni un centímetro cuando se trata de decidir si, de hecho, la religión cristiana es verdadera o falsa. Esta pregunta aún queda por debatir en un terreno distinto, es decir, es un asunto que compete a argumentos filosóficos e históricos. Se resuelva como se resuelva eso, los motivos incorrectos de algunos, ya sea por creer o por no creer, permanecerán tal como están.

He descubierto que el bulverismo opera en todo argumento político. Los capitalistas deben ser malos economistas porque sabemos la razón por la que quieren el capitalismo, y asimismo los comunistas deben ser malos economistas porque sabemos la razón por la que quieren el comunismo. Por tanto, hay bulveristas en ambos lados. Claro que, en realidad, o la doctrina de los capitalistas está errada o la doctrina de los comunistas lo está, o ambas lo están. Pero solamente podemos descubrir los aciertos y errores con la razón; jamás lo lograremos insultando la psicología del oponente.

Hasta que no logremos destruir al bulverismo, la razón no jugará un papel eficaz en la vida de los seres humanos. Cada lado se aprovecha de la razón lo más pronto posible en su lucha contra el otro lado; pero entre ambos lados la razón sufre descrédito. ¿Y por qué no debemos desacreditar a la razón? La respuesta será fácil si señalamos el estado actual del mundo, pero la verdadera respuesta es aún más directa. Las fuerzas que desacreditan a la razón dependen ellas mismas de la razón. Incluso para bulverizar se depende de ella. Uno trata de *demostrar* que todas las *pruebas* son nulas. Si fracasas en el intento, habrás fracasado del todo, así de sencillo. Si lo logras, entonces habrás fracasado aún más, porque lograr la demostración de que todas las pruebas son nulas es en sí mismo un resultado nulo también.

Entonces, la alternativa sería una auténtica e idiota contradicción en sí misma o alguna obstinada creencia en nuestra capacidad de razonar, a pesar de la evidencia que los bulveristas puedan presentar como «contaminación» en esta o aquella persona que razona. Si así lo deseas, estoy dispuesto a reconocer que esta obstinada creencia posee algo de trascendente o místico. ¿Y entonces? ¿Qué prefieres ser: un lunático o un místico?

Así que, nos damos cuenta de que hay razones justificadas para creer en la razón. Pero me pregunto: ¿podremos hacerlo sin recurrir al teísmo? ¿Será que cuando afirmamos «yo lo sé» se incluye el hecho de que Dios existe? Todo lo que sé es una deducción de nuestros sentidos (excepto este momento presente). Todo nuestro conocimiento del universo que se encuentra más allá de nuestras experiencias directas depende de deducciones a partir de dichas experiencias. Si nuestras deducciones no nos dan un verdadero conocimiento de la realidad, no lograremos saber absolutamente nada. Una teoría no puede ser aceptada si no permite que nuestro razonamiento nos ofrezca conocimiento genuino, tampoco si el hecho de que nuestro conocimiento no pueda ser aplicado en términos de dicha teoría.

Pero nuestros pensamientos tan solo pueden ser aceptados como un conocimiento genuino bajo ciertas condiciones. Todas las creencias tienen sus motivos suficientes, pero debemos aclarar las diferencias entre (1) motivos comunes y (2) un motivo especial llamado «razones». Los motivos suficientes son sucesos mecánicos que pueden llegar a producir otros resultados aparte de las creencias. Las razones surgen de los axiomas y las deducciones y afectan solamente a las creencias. El bulverismo intenta demostrar que la otra persona tiene motivos suficientes pero no razones y que nosotros tenemos razones y no motivos suficientes. Una creencia cuya justificación depende en su totalidad de motivos suficientes no tiene ninguna validez. Debemos tener siempre a mano este principio cada vez que consideremos aquellas creencias que son los cimientos de otras. Nuestro conocimiento depende de la certeza que poseemos acerca de axiomas y deducciones. Si estos provienen de motivos suficientes, entonces no habrá posibilidad del conocimiento. La disyuntiva es esta: o no podemos saber nada *o* el pensamiento tiene razones y no motivos suficientes.[1]

[El resto de este ensayo, el cual se leyó originalmente en el Club Socrático antes de su publicación en la revista *Socratic Digest*, prosigue bajo la forma de anotaciones

---

1. En la edición de *First and Second Things*, este artículo finaliza aquí, pero hemos añadido las anotaciones de la secretaria del club, como aparece en recopilaciones posteriores, por interés del lector *(N. del E.)*.

tomadas por la secretaría del club. Ello explica la razón por la que el texto no ha sido escrito en primera persona, como lo fue la parte original].

El señor Lewis prosigue con su charla afirmando que uno podría argumentar que la razón llegó a desarrollarse como producto de la selección natural, que solo aquellos métodos del pensamiento que demostraron ser útiles lograron sobrevivir. Pero la teoría depende de deducciones a partir de lo útil hacia lo verdadero, cuya validez tendríamos que *dar por sentada*. Todos los intentos por tratar al pensamiento como un evento natural involucran la falacia de excluir el propio pensamiento de la persona que intenta pensarlo.

Se reconoce que los eventos físicos afectan la mente; un aparato inalámbrico está expuesto a la influencia de los fenómenos atmosféricos, pero no es la causa de la transmisión (nos daríamos cuenta de ello si así sucediese). Podemos relacionar los eventos naturales entre ellos hasta que finalmente logremos identificarlos en la integración espacio-tiempo. Pero el pensamiento no tiene otro padre que el propio pensamiento. Ciertamente está condicionado, pero nada lo causa. El conocimiento que *yo* tengo acerca de *que* tengo nervios es deductivo.

El mismo argumento es válido respecto a nuestros valores, los cuales son afectados por factores sociales, pero, si los factores sociales se viesen afectados por nuestros valores, no sabríamos si son correctos. Uno podría rechazar la moral porque la considera una ilusión, pero aquel que la rechaza con tanta frecuencia explícitamente ha excluido sus propias motivaciones éticas: por ejemplo, el esfuerzo de liberar la moral de toda superstición y de promover el progresismo.

Ni la voluntad ni la razón son producto de la naturaleza. Por tanto, o existo por mí mismo (creencia imposible de aceptar) o soy una prolongación de algún Pensamiento o Voluntad que existe por sí mismo. Esta razón y bondad alcanzables deben provenir de alguna Razón y Bondad autoexistente y exterior a nosotros; de hecho, debe ser sobrenatural.

El señor Lewis prosigue con su charla afirmando que con frecuencia se ha objetado que la existencia de lo sobrenatural es demasiado importante como para que se discierna tan solo por medio de argumentos abstractos y, por tanto, que solamente lo hagan unos cuantos privilegiados. Pero en siglos pasados el hombre común ha reconocido los hallazgos de los místicos y los filósofos con el fin de dar sus primeros pasos en la creencia de lo sobrenatural. El día de hoy, el hombre común ha sido forzado a llevar a cuestas esa carga. O la humanidad ha cometido un espantoso error al rechazar la autoridad o el poder o los poderes que gobiernan su destino juegan un juego peligroso en el que se intenta que todos se vuelvan sabios. Una sociedad que consiste solamente en seres humanos comunes tendrá un final calamitoso. Si pretendemos sobrevivir, debemos creer lo que los videntes nos dicen o escalar esos obstáculos nosotros mismos.

Entonces, es evidente que hay algo que trasciende la naturaleza. El ser humano se encuentra en la frontera entre lo natural y lo sobrenatural. Los eventos físicos no pueden producir actividades espirituales, pero a estas se les pueden atribuir muchas de nuestras acciones en la naturaleza. La voluntad y la razón no pueden depender de ninguna otra cosa salvo de sí mismas, pero la naturaleza puede depender de la voluntad y la razón o, en otras palabras, de que Dios creó la naturaleza.

La relación entre lo natural y lo sobrenatural, que no es una relación que se da en el espacio y el tiempo, se vuelve algo comprensible si lo sobrenatural crea lo natural. Incluso ya poseemos alguna idea al respecto, dado que todos conocemos el poder de la imaginación, si bien no podemos crear nada nuevo, solamente somos capaces de reorganizar lo existente por medio del conocimiento de nuestros sentidos. No es impensable que el universo haya sido creado por una Imaginación lo suficientemente poderosa como para imponer fenómenos naturales en otras mentes.

El señor Lewis concluye que se ha sugerido que nuestras ideas respecto a creación y causación se derivan totalmente de nuestra experiencia de la voluntad. La conclusión a la que por lo general se llega es que no hay creación o causación, sino tan solo una «proyección». Pero una «proyección» es en sí misma una forma de causación y es más razonable suponer que la voluntad es la única causa que conocemos y que, por tanto, la voluntad es la causa de la naturaleza.

Se da un debate. Se presentan los siguientes puntos:

Todo razonamiento presupone la hipótesis de que las deducciones son válidas. Las deducciones correctas son evidentes, manifiestas y patentes.

«Pertinente» es un término *racional*.

El universo no afirma que es *verdadero*: tan solo *existe*.

El conocimiento que proviene de la revelación es más como un conocimiento empírico que racional.

Pregunta: ¿Cuáles son los criterios de la verdad, si diferenciamos entre la causa natural y la razón?

Lewis: Es probable que un país montañoso tenga varios mapas de su territorio, de los cuales solo uno de ellos es el *verdadero*, es decir, el que se corresponde con los contornos reales. La razón traza un mapa que afirma ser el *verdadero*. Me sería imposible analizar el universo si no confiara en mi razón. Si no pudiésemos confiar en las deducciones, no sabríamos nada que no fuera propio de nuestra propia existencia. La realidad física es una *deducción* a partir de nuestros sentidos.

Pregunta: ¿Cómo es posible que un axioma afirme ser más autoevidente que una conclusión empírica respecto a cierta evidencia?

[El ensayo termina en este lugar, dejando sin respuesta esta pregunta]

2. Lo primero y lo segundo

(1942)

Cuando leí en *Time and Tide* el 6 de junio de 1942 que los alemanes habían elegido a Hagen en vez de Sigfrido como su héroe nacional, pude haber soltado una carcajada de puro placer, porque me considero un romántico que me deleito francamente en mis nibelungos y, en especial, en la versión que Wagner ofrece de aquella historia, desde aquel dorado verano de mi adolescencia cuando por primera vez tuve la oportunidad de escuchar la «Cabalgata de las valquirias» en un fonógrafo y de ver las ilustraciones de Arthur Rackham en *El anillo del nibelungo*. Incluso hasta el día de hoy el mismísimo aroma de aquellos volúmenes me transporta a aquellos sentimientos de mi niñez. Por ello, me produjo amargura cuando los nazis se apoderaron de mis tesoros y los convirtieron en parte de su ideología. Pero aquello ya pasó y ahora todo está bien. Demostraron no ser capaces de digerirlo. La única manera en que pudieron retenerlo fue volteando la historia al revés y convirtiendo a uno de sus villanos secundarios en el héroe principal. De seguro que la lógica de su postura los llevará más lejos y anunciarán que Alberich es la verdadera personificación del espíritu nórdico. Mientras tanto, me han devuelto lo que me robaron.

Que hayan mencionado al espíritu nórdico me ha recordado que su intentona de adueñarse de *El anillo* constituye solamente un caso más de entre su amplio esfuerzo para adueñarse de todo lo «nórdico», y este gran intento es igual de ridículo. ¿Qué les incumbe a aquellos que defienden la ley del más fuerte y que asimismo le rinden culto a Odín? Todo el argumento de Odín era que tenía la razón pero no era el más

11

fuerte. Todo el argumento respecto a la religión nórdica era que, de entre todas las mitologías, era la única que les pedía a los seres humanos que rindieran culto a dioses que ciertamente luchaban acorralados contra la pared y que al final serían derrotados. «Me marcho a morir con Odín», dijo el vagabundo en la fábula de Stevenson,[1] demostrando así que Stevenson conocía el espíritu nórdico, que Alemania jamás ha sido capaz de comprender. Los dioses serán derrotados. La sabiduría de Odín, la graciosa valentía de Thor (Thor era como los del condado de Yorkshire, es decir, tercos) y la belleza de Balder en última instancia serán aplastados por la *realpolitik* de estúpidos gigantes y *trols* deformes. Pero eso no alterará en lo más mínimo los juramentos de cualquier hombre libre. Por tanto, tal como debiéramos anticipar, la verdadera poesía germánica consiste en resistencias heroicas hasta el final y luchar sin esperanza y con todo en contra.

A estas alturas se me ha ocurrido que me he topado con una paradoja excepcional. ¿Cómo podemos explicarnos que el único pueblo de Europa que ha intentado revivir su mitología precristiana como una fe para el presente sea el mismo que ha demostrado ser incapaz de comprender dicha mitología según sus rudimentos más básicos? En todo caso, el retroceso sería vergonzoso, tal como lo sería que un hombre maduro retroceda al *ethos* de sus años en el colegio. Pero cabría esperar que esta persona por lo menos comprenda y obedezca las reglas contra la vagancia y que entienda plenamente que los nuevos muchachos no deben andar con las manos metidas en los bolsillos. Llegar a sacrificar el bien supremo por uno inferior y luego, al fin y al cabo, ni siquiera lograr aquel bien inferior, sería un sorprendente disparate. ¿Cómo hicieron para vender su primogenitura por una

---

1. Esto se encuentra en la fábula de R. L. Stevenson que lleva por título «Faith, Half-Faith, and No Faith», que fue originalmente publicada en *The Strange Case of Dr. Jekyll and Mr. Hyde with other Fables* (Londres, 1896).

mitología deficiente y luego descubrir que dicha mitología era un error? Porque es evidente que yo en realidad saco provecho de Odín y de todo lo bueno y divertido que este me pueda ofrecer (preferiría pintarme la cara de azul con añil antes que proponer que Odín existe), pues los odinistas nazis no han logrado nada de ello.

Sin embargo, me ha parecido que, mientras reflexiono sobre ello, quizá no sea la paradoja que creíamos que era. O, por lo menos, es una paradoja que surge tan a menudo que ya deberíamos estar acostumbrados a ella. Se me vienen a la mente otras ocasiones. Hasta muy avanzada la era moderna —creo que hasta el tiempo de los románticos—, nadie jamás sugirió que la literatura y el arte fuesen un fin en sí mismos. Formaban «parte de los ornamentos de la vida», ofrecían una «diversión inocente»; o también «refinaban nuestros modales» o «promovían nuestras virtudes» o glorificaban a los dioses. Las grandes obras musicales se componían para la misa, las grandes pinturas se hacían para llenar los espacios vacíos de las paredes de los comedores de los nobles mecenas o para encender la devoción religiosa en las iglesias; las grandes tragedias las producían ya fueran poetas religiosos para rendirle honor a Dionisio o poetas comerciales para entretener a los londinenses en los días de descanso.

No fue hasta la llegada del siglo XIX cuando recién empezamos a tomar conciencia de la plena dignidad del arte. Comenzamos a tomar el asunto «con seriedad» mientras que los nazis tomaban la mitología seriamente. Pero el resultado parece haber producido un desencajamiento de la vida estética en la que poco queda para nosotros salvo obras elevadas que cada vez menos gente quiere leer u oír o ver, y obras «populares» de las que tanto sus creadores como sus consumidores se sienten medio avergonzados. Nosotros, así como los nazis, al asignarle un valor demasiado superior a un bien real pero secundario, hemos casi perdido aquel mismísimo bien.

Cuanto más he analizado el asunto, más he llegado a sospechar que se trata de una ley universal. *On cause mieux quand on ne dit pas Causons.*[2] La mujer que convierte un perro en el centro de su vida pierde, al final de cuentas, no solo su utilidad humana y su dignidad, sino incluso el mismo placer de tener un perro al lado. El hombre que convierte el alcohol en su meta principal pierde no solo su empleo, sino también su capacidad de gustar y saborear, y toda capacidad y placer de disfrutar sus niveles de intoxicación. Es algo glorioso sentir por un instante que todo el significado del universo se resume en una mujer —glorioso siempre y cuando otras obligaciones y placeres te mantengan alejado de ella—, pero uno despeja el camino y ordena su vida (a veces es factible) para así poder solamente contemplarla y entonces ¿qué sucede? Obviamente, esta ley ya ha sido descubierta con anterioridad, pero aún puede redescubrirse. Quizá podamos explicarla de esta manera: toda preferencia de un bien menor ante uno mayor o de uno incompleto ante uno completo involucra la pérdida de aquel bien menor o incompleto por el que uno se ha sacrificado.

Al parecer, así son las cosas. Si realmente adquirió aquel potaje a cambio de su primogenitura,[3] Esaú fue una afortunada excepción a la regla. Uno no puede obtener cosas secundarias colocándolas como si fueran primarias; uno solo puede obtener cosas secundarias atribuyéndole a las cosas primarias el primer lugar. A partir de lo cual nos hacemos la pregunta: ¿qué cosas son lo primero? Esta pregunta no solo les preocupa a los filósofos, sino a todo el mundo.

En este contexto, es imposible evitar que nos preguntemos qué es lo que nuestra civilización ha estado colocando en primer lugar en los últimos treinta años. La respuesta es simple y llana. Nuestra civilización ha estado colocándose a sí misma como lo primero. La gran meta ha sido preservar la civilización; su colapso ha sido la gran pesadilla. La paz, un elevado nivel de vida, la higiene, el transporte, la ciencia y el entretenimiento —las cosas que por lo general damos a entender con

---

2. Uno conversa mejor cuando evita decir «conversemos».
3. Génesis 27.

civilización— han sido nuestras metas. A ello se le responderá que nuestra preocupación por la civilización es muy natural y necesaria en tiempos en que esta corre tanto peligro. ¿Pero qué sucede si se le da vuelta a la tortilla? ¿Y si resulta que la civilización corre tanto peligro precisamente por haberla convertido en nuestro *summum bonum*? Quizá de esa manera podamos preservarla. Quizá la civilización jamás llegue a estar segura hasta que nos preocupemos por algo más en vez de hacerlo solo por ella.

La hipótesis tiene varios hechos fehacientes que la apoyan. En lo concerniente a la paz (que es un ingrediente de nuestra idea de civilización), creo que muchos ahora estarían de acuerdo en que una política internacional dominada por el deseo de paz constituye uno de los muchos caminos que conducen a la guerra. ¿Alguna vez estuvo la civilización en tan grave peligro de desaparecer antes de convertirse a sí misma en la meta exclusiva de la actividad humana? Hay mucha idealización apresurada respecto a los viejos tiempos y no quisiera seguir promoviéndola. Nuestros antepasados fueron despiadados, lascivos, codiciosos y estúpidos, como nosotros. Pero, aunque se preocuparon de otras cosas aparte de la civilización —y se preocuparon en distintas épocas por una variedad de asuntos como la voluntad de Dios, la gloria, el honor personal, la pureza doctrinal, la justicia—, ¿acaso corrió la civilización el riesgo de desaparecer?

Lo que he sugerido merece por lo menos una reflexión. Para estar seguros, si damos por cierto que la civilización jamás estará a salvo hasta que la coloquemos en segundo lugar, inmediatamente se nos plantea una pregunta: ¿en segundo lugar comparado con qué? ¿Qué es lo primero? La única respuesta que puedo ofrecer es que, si no lo sabemos, entonces la primera y única cosa práctica que deberíamos hacer es dedicarnos a descubrir qué es.

3. Sobre la lectura de libros antiguos

(1944)

Circula por ahí la extraña noción de que, sea el tema que sea, los libros antiguos solamente los deben leer los profesionales, y que los novatos deben contentarse con libros modernos. Por tanto, he descubierto en calidad de tutor de literatura inglesa que si el estudiante promedio desea descubrir algo acerca del platonismo, lo último que se le ocurriría hacer es buscar en la biblioteca una traducción de Platón y leer el *Symposium*. Lo que sí haría este estudiante es leer algún libro moderno, aburrido y diez veces más extenso, que trate de todos los «ismos» e influencias y que cada doce páginas le cuente lo que Platón en realidad dijo. Su error no es malintencionado, pues surge de una actitud humilde. El estudiante siente algo de temor de encontrarse con aquel gran filósofo cara a cara. Se siente inadecuado y cree que no lo entenderá. Pero ojalá supiera que aquel gran hombre, gracias a su grandeza, es más fácil de entender que los comentaristas modernos. El más sencillo estudiante podrá entender, si no todo, una gran parte de lo que Platón dijo; pero casi nadie puede entender algunos de los libros modernos acerca del platonismo. Ha sido, por tanto, una de mis mayores metas como profesor persuadir a los jóvenes de que el conocimiento de primera mano es no solo más provechoso que el de segunda mano, también es por lo general mucho más fácil y placentero de obtener.

Esta errónea predilección por los libros modernos y temor ante los antiguos en ningún otro lugar es tan galopante como en la teología. Cada vez que encuentres algún pequeño grupo de cristianos, seguramente descubrirás que estudian no a Lucas, a Pablo, a san Agustín, a santo Tomás de Aquino, a

Hooker o a Butler, sino a M. Berdyaev, M. Maritain, al señor Niehbur, a la señorita Sayers o incluso a mí.

Todo esto me parece que está al revés. Naturalmente, dado que yo mismo soy escritor, no me gustaría que el lector común no leyese libros modernos. Pero si tuviese que leer o solo libros nuevos o solo antiguos, le aconsejaría que leyese solo los antiguos. Y le daría este consejo precisamente porque es un novato y por tanto posee menos protección que los expertos contra los peligros de llevar una dieta exclusivamente contemporánea. Todo nuevo libro aún permanece a prueba y el novato aún no tiene la capacidad de juzgarlo. Dicho libro tiene que pasar la prueba y medirse contra la gran colección del pensamiento cristiano de siglos y hasta que todas sus conclusiones ocultas (que a menudo pasan desapercibidas para el propio autor) salgan a la luz. A menudo no será posible entenderlo completamente sin el conocimiento de una buena cantidad de otros libros modernos. Si a las once de la mañana logras unirte a una conversación que empezó a las ocho, por lo general no alcanzarás a comprender el tema de fondo de lo que se ha dicho. Los comentarios que para ti parecen comunes y corrientes, causarán risas o incomodidad entre los participantes y tú no sabrás la razón; y es lógico, pues la razón estaba en los primeros momentos de la conversación y les dio a los participantes una perspectiva particular. De la misma manera, las oraciones de un libro moderno que parecen bastante comunes quizá se «dirijan a» algún otro libro; de esta manera, quizá se te convenza para aceptar algo que con bastante indignación habrías rechazado si hubieses sabido de su significado verdadero. La única manera de ubicarse en terreno seguro es tener a mano una norma sencilla, un cristianismo básico (como dice Baxter, un «mero cristianismo») que tenga la capacidad de ubicar las controversias del momento en su perspectiva adecuada. Esta norma solamente puede adquirirse en los libros antiguos. Es una buena regla que, luego de leer un libro nuevo, jamás leas otro libro nuevo hasta que hayas podido leer entre ambos un libro antiguo. Si esto se hace una carga demasiado pesada para ti, por lo menos deberías leer un libro antiguo por cada tres libros nuevos.

Cada era posee su propio punto de vista. Es especialmente buena para ver ciertas verdades y especialmente responsable de cometer ciertos errores. Por tanto, todos necesitamos de aquellos libros que nos ayuden a corregir los errores típicos de nuestra época. Me refiero a libros antiguos. Todos los escritores contemporáneos comparten hasta cierto grado el punto de vista contemporáneo, incluso aquellos que, como yo, parecen los más opuestos a dicha perspectiva. Nada me llama más la atención, cuando leo las controversias de siglos pasados, que el hecho de que ambos lados por lo general daban por sentados sin cuestionamiento alguno muchos argumentos que hoy negaríamos rotundamente. Pensaban que tenían posturas extremadamente opuestas, pero en realidad todo el tiempo habían congeniado de manera secreta —congeniado *entre* ellos y *contra* épocas anteriores y posteriores— por causa de una gran cantidad de presuposiciones comunes a todos ellos. Podemos estar seguros de que la típica ceguera del siglo XX —esa que hará que la posteridad se pregunte: « ¿Cómo *podían* pensar eso?»— se encuentra donde jamás sospechábamos y gira en torno a aquel despreocupado acuerdo entre Hitler y el presidente Roosevelt[1] o entre el señor H. G. Wells y Karl Barth. Nadie de nosotros puede escapar a esta ceguera; de hecho, si solamente leemos libros modernos, la empeoraremos y disminuiremos nuestras defensas contra ella. En lo que tienen de verdad nos darán verdades que ya conocíamos a medias. En lo que tienen de error empeorarán nuestro error, del que ya estábamos peligrosamente infectados. El único paliativo es mantener la fresca brisa de los siglos pasados soplando por nuestras mentes, y esto solo puede lograrse leyendo libros antiguos. Claro, no quiero decir que haya alguna especie de magia en los siglos pasados. La gente no era más ingeniosa en aquellos siglos de lo que es ahora; cometían tantos errores

---

1. Escrito en 1943.

como nosotros el día de hoy. Pero no eran los *mismos*. No nos harán sentir mejor por los errores que ya hemos estado cometiendo; y respecto a sus propios errores, que son conocidos por todos, no serán ninguna amenaza para nosotros. Se dice que dos cabezas piensan mejor que una, no porque sean infalibles, sino porque es poco probable que ambas cometan la misma clase de error. Por supuesto, los libros del futuro servirán para corregir los del pasado, pero desafortunadamente no están a nuestro alcance.

En mi caso personal, casi de una manera fortuita, se me condujo a que leyera los clásicos cristianos como parte de mi formación en lengua inglesa. Algunos de ellos, como Hooker, Herbert, Traherne, Taylor y Bunyan, los leí porque son por derecho propio grandes escritores ingleses; otros, como Boecio,[2] san Agustín, Tomás de Aquino y Dante, los leí porque han «influenciado» a otros. Descubrí a George MacDonald a los dieciséis años y jamás he faltado a mi lealtad, si bien traté por muchos años de ignorar su cristianismo. Notarás que son una colección mixta, representantes de muchas iglesias, opiniones y épocas. Incluso tengo otra razón por la que los leo. Los cismas del cristianismo son innegables y algunos de estos autores lo expresan con ferocidad. Pero si a alguien se le ha ocurrido creer —luego de leer solamente libros contemporáneos— que el «cristianismo» es una palabra con muchos significados y que por tanto no significa nada, esa persona podría aprender sin duda alguna, distanciándose del pensamiento de su propio siglo, que no es así. Si lo comparamos con las eras pasadas, «el mero cristianismo» resulta ser no un insípido e invisible interdenominacionalismo, sino algo positivo, coherente e inagotable. Lo sé muy bien por experiencia propia. En la época cuando aún odiaba al cristianismo,[3] aprendí a

---

2. Boecio nació por el 470 d. C. y fue autor de *La consolación de la Filosofía*.
3. Los que deseen saber más acerca de este período podrán recurrir a la autobiografía de Lewis, *Cautivado por la alegría* (Nueva York: Rayo, 2014).

reconocer, como todos los olores que uno ya conoce, *algo* que es inmutable y que venía a mi encuentro, eso que aparece en el puritano Bunyan, en el anglicano Hooker y en el tomista Dante. También se encuentra (endulzado y floreado) en Francisco de Sales; se ve en Spenser (solemne y prosaico) y en Walton; está en Pascal (absoluto pero intrépido) y Johnson; aparece otra vez, con un sabor tenue, asustadizo y paradisiaco en Vaughan, en Boehme y Traherne. En la sobriedad urbana del siglo XVIII uno no estaba seguro en ningún lado (Law y Butler eran dos leones en el camino). El supuesto «paganismo» de los isabelinos no pudo deshacerse de lo *inmutable*; acechaba allí donde se daba por sentado que había seguridad, en el mismísimo centro de *The Faerie Queene* y *Arcadia*.[4] Es obvio que era diverso, pero después de todo seguía siendo el mismo: reconocible, imposible de evadir, ese olor que es de muerte para nosotros hasta que le permitimos que nos dé vida:

ese aire que atraviesa mi corazón
y que sopla desde campos lejanos.[5]

Todos nos sentimos preocupados y, con toda razón, también avergonzados por las fragmentaciones del cristianismo. Pero aquellos que siempre han vivido dentro del redil del cristianismo son los que más fácil sufrirán desánimo. Es cierto que la fragmentación es algo malo, pero estas personas no saben cómo se ve el cristianismo desde afuera. Desde ese punto de vista, lo que queda intacto, a pesar de todas las divisiones, aún aparece como (y es) una formidable unidad. Lo sé porque lo vi; y nuestros enemigos bien lo saben. Esa unidad la podemos descubrir fácilmente si tomamos distancia de nuestra propia época. Quizá no sea suficiente, pero será más de lo que uno se esperaba. Pero una vez que uno se empape de dicha unidad y se anime a hablar de ella, tendrá una experiencia muy curiosa. Creerán que eres un papista cuando en realidad estás

---

4. Por *sir* Philip Sydney 1554-86).
5. A. E. Housman, *A Shropshire Lad* (Londres, 1896), estrofa 40.

citando a Bunyan o un panteísta cuando citas a Aquino y así sucesivamente. Porque ahora habrás entrado en aquella gran vía que cruza todos los siglos y que te parece estar muy arriba desde los valles y muy abajo desde los montes, muy estrecha comparada con las ciénagas y muy amplia comparada con las veredas.

Este libro[6] es una especie de experimento. La traducción está dirigida para todo el mundo en general, no solo para los estudiantes de Teología. Suponemos que, si logra su cometido, otras traducciones de otros grandes libros cristianos la seguirán. Claro que, en cierto sentido, no se trata de la primera en su campo. Las traducciones de la *Theologia germanica*,[7] la *Imitación*,[8] la *Escala de la perfección*,[9] y las *Revelaciones* de Juliana de Norwich[10] ya existen y son muy valiosas, si bien algunas de ellas no son de buena erudición. Pero debemos aclarar que todas ellas son obras devocionales y no doctrinales. Ahora bien, los novatos o legos deben recibir instrucción así como exhortación. En la era actual es imperante la necesidad de recibir educación adecuada. Tampoco admito que se haga una separación entre libros devocionales y doctrinales. Por mi parte, tengo la tendencia a descubrir que los libros doctrinales son más útiles para la devoción que los devocionales. Sospecho que lo mismo le vaya a suceder a los demás. Estoy convencido de que muchos de los que «no sienten nada» cuando leen o se arrodillan para leer algún libro devocional descubrirán que su

---

6. Este artículo se escribió originalmente como prefacio a la edición inglesa de *La encarnación del Verbo de Dios*, de san Atanasio, traducido por una religiosa de la C. S. M. V. (Londres, 1944).
7. Tratado místico y anónimo de finales del siglo XIV.
8. *La imitación de Cristo*, manual de devoción espiritual que inicialmente fue publicado en 1418. Su autoría ha sido tradicionalmente asignada a Tomás de Kempis (c. 1380-1471).
9. Por Walter Hilton (m. 1396), místico inglés.
10. *Las revelaciones del amor divino*, por Juliana de Norwich (c. 1342–posterior a 1413).

corazón resuena espontáneamente cuando se encuentren leyendo un poco de teología con lápiz y papel a mano.

Se trata de una buena traducción de una excelente obra. San Atanasio ha sufrido la crítica popular debido a ciertas frases del Símbolo Atanasiano.[11] No perderé el tiempo en explicar que la obra no es exactamente un credo y que no fue escrita por san Atanasio, porque se trata de una obra muy bien escrita. La frase ofensiva respecto a la fe es la siguiente: «Quien no la observare íntegra e inviolada, sin duda perecerá eternamente». Es muy común que se la malinterprete. La palabra clave es *observar*; no es *obtener* ni tampoco *creer*, sino *observar*. De hecho, el autor no se refiere a los incrédulos, sino a los que han desertado; no se refiere a aquellos que jamás han oído de Cristo, ni tampoco a los que han oído, han malinterpretado el mensaje y se han negado a aceptarlo, más bien se refiere a aquellos que realmente entendieron el mensaje y realmente creyeron, y que luego permitieron, por pereza o por cualquier otra confusión, su alejamiento hacia modos de pensar subcristianos. Ellos representan una advertencia contra el curioso supuesto moderno de que todos los cambios de pensamiento, no importa cómo hayan sucedido, están por fuerza exentos de culpa.[12] Sin embargo, mi preocupación inmediata no es esta. He mencionado el «Credo de san Atanasio» (o Símbolo Atanasiano) tan solo para quitar del camino del lector lo que quizá haya sido una obsesión extrema y para ubicar al verdadero Atanasio en su lugar correcto. Nos sentimos orgullosos de que nuestro país en más de una ocasión haya tenido que enfrentarse contra el mundo. Atanasio hizo lo mismo. Defendió la doctrina trinitaria, «íntegra e inviolada», cuando todo parecía indicar que el mundo civilizado se apartaba del cristianismo y caía en manos de la religión de Arrio,[13] una de esas religiones «razonables»

---

11. Profesión de fe que se encuentra en el Libro de Oración.
12. Ver Hebreos 6:4 y siguientes.
13. Arrio (c. 250–c. 336), defensor de la doctrina subordinacionista respecto a la persona de Cristo.

y sintéticas que se recomiendan el día de hoy y que, tanto en el pasado como en el presente, incluía entre sus devotos a muchos clérigos altamente cultos. El prestigio de Atanasio fue que no cambió siguiendo los vientos de su época; su recompensa es que ha podido permanecer cuando sus tiempos, como todos, han quedado atrás.

Cuando tuve la oportunidad de leer por primera vez su *De incarnatione*, descubrí prontamente por medio de una prueba sencilla que me encontraba frente a una obra maestra. Conocía muy poco del griego cristiano, excepto el del Nuevo Testamento, y preveía dificultades. Para sorpresa mía, lo encontré tan fácil como Jenofonte; y tan solo una mente maestra pudo, en el siglo cuarto, haber escrito con tanta profundidad sobre un tema y hacerlo con tanta sencillez. Cada página que leía confirmó mi impresión. Su acercamiento respecto a los milagros es muy pertinente para la actualidad, porque ofrece una respuesta definitiva para aquellos que se oponen a ellos alegando que son «arbitrarios y transgresiones sin sentido de las leyes de la naturaleza».[14] Más bien, el propósito de los milagros es volver a contarnos con letras redondas y mayúsculas el mismo mensaje que la naturaleza nos cuenta con indescifrables letras cursivas; son las mismas obras que uno esperaría de parte de Aquel que demostró tener tanta vida cuando estuvo dispuesto a morir y que tuvo que «recurrir a la muerte de otros». Ciertamente, todo el libro es una imagen del árbol de la vida, un volumen jugoso y valioso, lleno de optimismo y confianza. Reconozco que no podemos adueñarnos de toda aquella confianza el día de hoy. No podemos señalar aquella gran virtud de la vida cristiana y aquel feliz, casi socarrón, coraje del martirio cristiano, como prueba de nuestras doctrinas

---

14. Pocos años después de que esto fuera escrito, el propio Lewis escribió una admirable defensa de los milagros en su *Miracles: A Preliminary Study* (Londres, 1947) [Publicado en español, como *Los milagros*, por Rayo en 2006, e integrado en *Clásicos selectos de C. S. Lewis* (Nashville: Grupo Nelson, 2022)].

con esa seguridad Atanasio da por sentada como algo natural. Pero si hubiera que culpar de ello a alguien, no sería a Atanasio.

La traductora tiene un conocimiento del griego tan superior al mío que mis elogios a su trabajo están fuera de lugar. Pero me parece que se ubica muy bien en la larga tradición de traducciones inglesas. No creo que el lector encuentre aquí nada de esa calidad polvorienta que es tan común en versiones modernas de idiomas antiguos. Esto es lo que el lector inglés podrá detectar; los que comparen la versión con el original podrán determinar cuánto ingenio y talento se da, por ejemplo, en una elección como la de «aquellos sabelotodo» en la primera página.

4. Esas espantosas cosas rojas

(1944)

Muchos teólogos y algunos científicos están en la actualidad prestos para proclamar que el conflicto del siglo XIX entre la ciencia y la religión ha concluido de una vez por todas. Pero incluso si esto fuese cierto, se trata de una verdad que la conocen solamente los verdaderos teólogos y científicos, esto es, solo un selecto grupo con muy altos estudios. Para la persona común, el conflicto sigue siendo real y en su mente adopta una forma que el erudito jamás se imaginó.

El hombre común y corriente no piensa en dogmas en particular y en descubrimientos científicos específicos. Lo que le preocupa es la omnipresente diferencia de ambiente entre lo que él cree que es el cristianismo y esa imagen general del universo que ha aprendido por vivir en la era científica. Lee en el credo que Dios tiene un «Hijo» (como si Dios fuese un dios como Odín o Júpiter): que este Hijo «descendió» (como un paracaidista) del «cielo», primero hacia la tierra y luego hacia cierto lugar de los muertos que se ubica debajo de la superficie de la tierra; y que, más tarde, ascendió al cielo y se sentó en una silla decorada situada al lado derecho del trono de su Padre. Todo este asunto da a entender que hay un cielo físico y local —un palacio en la estratósfera—, una tierra plana y toda esa serie de ideas arcaicas y equivocadas.

El hombre común está muy consciente de que debemos rechazar todas las creencias que nos atribuye e interpreta nuestro credo en un sentido distinto. Pero esto en lo absoluto le satisface. Piensa que «sin duda alguna, una vez que tengamos a mano estos artículos de fe, podremos alegorizarlos o darles una explicación espiritual al grado que nos plazca». Pero

¿acaso no se ve fácilmente que esos artículos de fe jamás habrían existido si la primera generación de cristianos hubiese tenido alguna noción real de lo que es el verdadero universo? El historiador que haya basado su investigación en una interpretación equivocada de algún documento mostrará luego, cuando su error haya sido puesto al descubierto, una gran ingenuidad al tratar de convencernos de que su relato de cierta batalla puede aún conciliarse con los datos fehacientes acerca de ella. La cuestión es que no habría dado ninguna de estas ingeniosas explicaciones si hubiera empezado por leer sus fuentes de una manera correcta. Así, en realidad constituyen una pérdida de tiempo; sería más valiente y honesto de su parte reconocer sus errores y comenzar de cero.

Creo que hay dos cosas que los cristianos deben hacer si desean convencer al hombre «común» de hoy. En primer lugar, deben dejar bien en claro que lo que quedará del credo luego de haber presentado todas sus explicaciones y reinterpretaciones será algo inequívocamente sobrenatural, milagroso e impactante. Quizá no creamos que la tierra es plana y que existen castillos en las alturas, pero debemos insistir desde el principio en que creemos, tan firmemente como cualquier hombre primitivo o teósofo, en el mundo espiritual, y que este irrumpe en el universo natural. Porque el hombre común sospecha que, cuando empecemos a explicar, lo que haremos será ofrecer excusas: que tenemos a mano mitología para nuestros ignorantes oyentes y que, en cuanto los educados oyentes nos acorralen contra una esquina, nos dispondremos a simplificar nuestras explicaciones en clichés morales inocuos que a nadie se le ocurriría negar. Y hay teólogos que alimentan estas sospechas. Debemos apartarnos de ellos de manera tajante. Si no nos queda nada excepto lo que se pueda afirmar de una manera exacta y eficaz pero sin fórmulas cristianas, entonces lo honesto sería reconocer que el cristianismo es falso y volver a empezar de cero sin él.

En segundo lugar, debemos esforzarnos por enseñar algo respecto a la diferencia entre pensar e imaginar. Por supuesto, es un error histórico dar por sentado que todos o casi todos los primeros cristianos creían en castillos en el aire en el mismo sentido en el que nosotros creemos en el sistema solar. El antropomorfismo fue condenado por la Iglesia tan pronto como se le presentó el problema. Sin embargo, algunos cristianos de los primeros siglos quizá sí recurrieron al antropomorfismo; y es probable que miles de ellos hayan recurrido a su fe con la ayuda de imágenes antropomórficas. Por esta razón debemos aclarar la diferencia entre las creencias fundamentales y las imágenes auxiliares.

Cuando se me viene a la mente la ciudad de Londres, siempre me imagino la estación de Euston. Sin embargo, estoy convencido de que Londres *no es* la estación de Euston. Es un asunto fácil de resolver porque en este caso el pensador *sabe* que la imagen es falsa. Ahora, analicemos un caso más complejo. Una vez escuché a una mujer que le decía a su hija que si tomaba demasiadas aspirinas se moriría. «¿Pero por qué? —preguntó la niña—. Si las partes, no encontrarás ninguna de esas espantosas cosas rojas». Obviamente, cuando esta niña se imaginaba cosas venenosas, no solo recurría a la imagen de «espantosas cosas rojas», sino que también creía de manera real que el veneno era de color rojo. Y esto es un error. ¿Pero hasta qué grado anula su creencia acerca del veneno? La niña aprendió que una sobredosis de aspirina la mataría; esta creencia es correcta. La niña sabía, con ciertas limitaciones, cuáles sustancias en la casa de su madre eran tóxicas. Si yo hubiese ido de visita a aquella casa y hubiese tomado un vaso que contenía algo que parecía agua y la niña me hubiese dicho: «No tomes eso, porque mi madre me ha dicho que es venenoso», habría sido un necio si ignorara su advertencia con la excusa de que «esta niña tiene la idea arcaica y mítica de que el veneno es una espantosa cosa roja».

Por tanto, hay una diferencia no solo entre el pensamiento y la imaginación en general, sino incluso entre el pensamiento y aquellas imágenes que el pensador (falsamente) cree que son ciertas. Cuando la niña, más adelante, llegue a descubrir que el veneno no siempre es de color rojo, no llegará a sentir que ninguna de sus convicciones respecto al veneno ha cambiado. Ella seguirá creyendo, como siempre lo hizo, que veneno es eso que te mata si lo ingieres. Ahí está la esencia del veneno. La noción equivocada respecto al color queda descartada sin afectar la convicción.

De la misma manera, algún campesino cristiano de los primeros siglos creyó que Cristo estaba sentado a la diestra del Padre y se imaginó dos asientos imperiales ubicados en algún lugar de un castillo en el aire. Pero si aquel mismo campesino luego hubiera recibido formación en filosofía y hubiese descubierto que Dios es incorpóreo, que no tiene extremidades y es impasible y que por tanto no tiene ni mano derecha ni un castillo en el aire, no habría sentido que sus creencias fundamentales cambiasen en nada. Lo que le habría importado, incluso cuando tenía una mente más simple, no serían los detalles sobre el mobiliario celestial. Más bien, sería la seguridad de saber que su Maestro crucificado es ahora el supremo Agente de ese poder inimaginable que sostiene el universo. Y habría reconocido que respecto a esto jamás estuvo engañado.

Los críticos quizá aún nos pregunten la razón de esas imágenes —las cuales reconocemos que no son verdaderas— y por qué aún las usamos. Pero ellos no se han percatado de que cualquier lenguaje que tratemos de usar para sustituir esas imágenes involucrará imágenes que estarán expuestas a la misma clase de objeciones. Para decir que Dios «irrumpe» en el orden natural necesitamos igualmente imágenes espaciales que indiquen que Dios «desciende»; lo único que uno ha logrado es sustituir una imagen de movimiento horizontal (o indefinida) por una vertical. Decir que Cristo «se ha vuelto a unir» con lo noúmeno es mejor que decir que «ascendió» al cielo, pero solamente si la imagen de algo que se disuelve en un líquido tibio o de algo que se engulle por la garganta es menos errónea y confusa que la imagen de un ave o un globo que asciende. Todo lenguaje, excepto los objetos que percibimos con nuestros sentidos, es metafórico de pies a cabeza.

Decir que Dios es una «Fuerza» (esto es, que es como el viento o como un dínamo) es tan metafórico como llamarle Padre o Rey. Respecto a este asunto, podemos hacer que nuestro lenguaje sea más polisilábico y aburrido, pero no lo podemos hacer más literal. Este reto no lo tienen solamente los teólogos. Los científicos, los poetas, los psicoanalistas y filósofos metafísicos entran en el mismo saco: la razón del hombre está en la más absoluta bancarrota con respecto a sus sentidos.[1]

Entonces, ¿podemos trazar la frontera entre explicar y «justificar»? No creo que sea muy difícil. Todo ello tiene que ver con las actividades «no encarnadas» de Dios —las de esa dimensión del ser en la que los sentidos no tienen cabida— que deben considerarse junto con las imágenes que sabemos que, en su sentido literal, no son ciertas. Sin embargo, no se puede justificar que apliquemos el mismo tratamiento a los milagros del Dios encarnado, porque se trata de eventos que sucedieron en esta tierra y que afectaron los sentidos humanos. Son de esa clase de cosas que podemos describir literalmente. Si Cristo convirtió el agua en vino, y si hubiésemos estado presentes, habríamos podido ver el evento, oler el mosto y probar el vino. La historia respecto a este milagro no pertenece al mismo nivel que la que dice que «está sentado a la diestra del Padre». Se trata de un hecho fehaciente, de una leyenda o de una mentira. O lo crees o no lo crees.

---

1. Robert Bridges, *The Testament of Beauty*, Libro I, verso 57.

5. Trabajo y oración
(1945)

«Incluso si doy por bueno su punto de vista y admito que las respuestas a la oración son teóricamente posibles, seguiré pensando que son infinitamente improbables. No creo en absoluto que Dios requiera el consejo mal informado (y contradictorio) que nosotros, los seres humanos, podamos darle para dirigir el mundo. Si Él es omnisciente, como usted dice, ¿acaso no sabe ya lo que es mejor? Y si es todopoderoso, ¿no lo hará tanto si oramos como si no?».

Este es el juicio contra la oración que, en los últimos cien años, ha retraído a miles de personas. La respuesta habitual es que solo se aplica al tipo más bajo de oración, el que consiste en pedir que las cosas sucedan. El tipo superior, se nos dice, no ofrece ningún consejo a Dios; consiste solo en la «comunión» o relación con Él; y los que siguen esta línea parecen sugerir que el tipo inferior de oración es realmente un absurdo y que solo los niños o los salvajes lo utilizarían.

Nunca me ha satisfecho este punto de vista. La distinción entre los dos tipos de oración es sólida; y creo que, en general (no estoy muy seguro), el tipo que no pide nada es el más elevado o avanzado. Encontrarse en el estado en el que se está tan en armonía con la voluntad de Dios que, aun pudiendo, no se querría alterar el curso de los acontecimientos es desde luego una condición muy elevada o avanzada.

Pero si uno simplemente descarta el tipo más bajo, se presentan dos dificultades. En primer lugar, hay que decir que toda la tradición histórica de la oración cristiana (incluido el Padrenuestro) ha estado equivocada, pues siempre ha admitido oraciones por el pan nuestro de cada día, por la curación

33

de los enfermos, por la protección de los enemigos, por la conversión de los de afuera y cosas similares. En segundo lugar, aunque la otra clase de oración puede ser «más elevada» si te limitas a ella porque has superado el deseo de usar cualquier otra, no hay nada especialmente «elevado» o «espiritual» en abstenerse de las oraciones que hacen peticiones simplemente porque piensas que no son buenas. Podría ser una cosa muy bella (pero, de nuevo, no estoy absolutamente seguro) si un niñito nunca pidiera pastel porque fuera tan elevado y espiritual que no quisiera ningún pastel. Pero no hay nada especialmente apreciable en un niño que no pregunta porque ha aprendido que no sirve de nada preguntar. Creo que hay que reconsiderar todo el asunto.

La acusación contra la oración (me refiero a la «baja» o anticuada) es la siguiente. Lo que pides o es bueno —para ti y para el mundo en general— o no lo es. Si lo es, entonces un Dios bueno y sabio lo hará de todos modos. Si no lo es, entonces no lo hará. En ninguno de los dos casos tu oración puede marcar ninguna diferencia. Pero si este argumento es sólido, seguramente no solo iría en contra de orar, sino en contra de hacer cualquier cosa.

En cada acción, al igual que en cada oración, intentas conseguir un determinado resultado; y este resultado debe ser bueno o malo. ¿Por qué, entonces, no argumentamos como lo hacen los detractores de la oración y decimos que, si el resultado que se pretende es bueno, Dios lo llevará a cabo sin tu interferencia, y que, si es malo, evitará que ocurra hagas lo que hagas?

¿Por qué lavarse las manos? Si Dios quiere que estén limpias, lo estarán sin que te las laves. Si no lo quiere, seguirán sucias (como comprobó *lady* Macbeth)[1] por mucho jabón que utilices. ¿Por qué pedir la sal? ¿Por qué calzarse las botas? ¿Por qué hacer lo que sea?

---

1. *Macbeth*, V, i, 34-57.

Sabemos que podemos actuar y que nuestras acciones tienen resultados. Por lo tanto, todo el que cree en Dios debe
admitir (al margen del tema de la oración) que Dios no ha
elegido escribir toda la historia con su mano. La mayor parte
de las cosas que suceden en el universo están efectivamente
fuera de nuestro control, pero no todas. Es como una obra de
teatro en la que el autor ha fijado el escenario y el esquema
general de la historia, pero ciertos detalles menores se dejan
a la improvisación de los actores. Puede ser un misterio por
qué Él nos ha permitido causar sucesos reales; pero no es más
extraño que nos permita causarlos orando que causarlos por
cualquier otro medio. Pascal dice que Dios «instituyó la oración para permitir a sus criaturas la dignidad de la causalidad». Tal vez sería más acertado decir que Él inventó tanto la
oración como la acción física para ese propósito. Nos dio a las
insignificantes criaturas la dignidad de poder contribuir al
curso de los acontecimientos de dos maneras diferentes. Creó
la materia del universo de tal manera que podemos (dentro de
esos límites) hacer cosas con ella; por eso podemos lavarnos
las manos y alimentar o asesinar a nuestros semejantes. Del
mismo modo, Él creó su propio plan o trama de la historia de
tal manera que admite una cierta cantidad de actuación libre y
puede ser modificado en respuesta a nuestras oraciones. Si es
un absurdo y una desfachatez pedir la victoria en una guerra
(con el argumento de que se puede esperar que Dios lo sepa
mejor que nosotros), sería igualmente un absurdo y una desfachatez ponerse un impermeable: ¿no sabe Dios mejor que
nadie si hay que estar mojado o seco?

Los dos métodos por los que se nos permite producir sucesos pueden llamarse trabajo y oración. Ambos se parecen
en este aspecto: en los dos intentamos producir un estado de
cosas que Dios no ha tenido a bien (o, en todo caso, todavía
no ha tenido a bien) traer «Él solo». Desde este punto de vista,
la vieja máxima *laborare est orare* (trabajar es orar) adquiere un
nuevo significado. Lo que hacemos cuando escardamos un
campo no es muy diferente de lo que hacemos cuando oramos

por una buena cosecha. Pero, de todos modos, hay una diferencia importante.

Hagas lo que hagas en un campo, no se puede asegurar una buena cosecha. Pero puedes estar seguro de que si arrancas una hierba, esa hierba ya no estará allí. Puedes estar seguro de que si bebes más de cierta cantidad de alcohol arruinarás tu salud o de que si seguimos unos cuantos siglos más malgastando los recursos del planeta en guerras y lujos reduciremos la vida de toda la raza humana. El tipo de causalidad que ejercemos mediante nuestra obra está, por así decirlo, divinamente garantizado, y por tanto es implacable. Con lo que hacemos somos libres de causarnos todo el daño que queramos. Pero el tipo de trabajo que realizamos mediante la oración no es así; Dios ha dejado aparte de sí un poder discrecional. Si no lo hubiera hecho, la oración sería una actividad demasiado peligrosa para el hombre y tendríamos el horrible estado de cosas que previó Juvenal: «Enormes oraciones que el Cielo en su ira concede».[2]

Las oraciones no siempre son —en el sentido burdo y fáctico de la palabra— «concedidas». Esto no es porque la oración sea un tipo de causalidad más débil, sino porque es un tipo más fuerte. Cuando «funciona», lo hace sin límites de espacio y tiempo. Por eso, Dios se ha reservado la facultad discrecional de concederla o rechazarla; si no fuera por esa condición, la oración nos destruiría. No es descabellado que un director de escuela diga: «Pueden hacer tal o cual cosa de acuerdo con las reglas fijas de esta escuela». Pero tales y cuales otras cosas son demasiado peligrosas para dejarlas en manos de reglas generales. Si quieren hacerlas deben venir a solicitarlas y hablar sobre el asunto conmigo en mi estudio. Y luego... ya veremos».

---

2. *Sátiras*, Libro IV, Sátira x, verso III.

6. Dos conferencias
(1945)

Entonces el conferencista dijo: «Concluyo donde había empezado. La evolución, el desarrollo, la lenta lucha hacia arriba y hacia adelante desde aquel crudo e inconcluso comienzo hacia una perfección y una elaboración cada vez mayor... esa parece ser la fórmula por excelencia de todo el universo.

»Lo vemos ejemplificado en todo lo que estudiamos. El roble proviene de la bellota. Los grandes motores provienen de los cohetes. Las grandes obras del arte contemporáneo descienden en línea directa de los toscos trazos que el hombre primitivo dejó plasmados en las paredes de su caverna.

»¿De qué trata la moral y la filosofía del hombre civilizado si no es de su desarrollo milagroso a partir de sus más primitivos instintos y tabúes salvajes? Cada uno de nosotros ha crecido gracias a las etapas prenatales en las que inicialmente nos parecíamos más a un pez que a un mamífero, a partir de un pedazo de materia demasiado pequeño para ser visto. El propio hombre surge de las bestias: lo orgánico a partir de lo inorgánico. La palabra clave es *desarrollo*. La marcha de todas las cosas sucede desde lo más simple hacia lo más complejo».

Por supuesto, nada de lo anterior era nuevo para mí o los oyentes. Pero la presentación fue excelente (mejor de como yo la he descrito) y tanto la voz como el porte del conferencista eran impresionantes. Por lo menos me impresionaron a mí, porque de otro modo no podría explicar la razón por la que tuve un curioso sueño aquella noche.

Soñé que aún me encontraba en aquella conferencia y que todavía se oía la voz del conferencista, pero decía cosas equivocadas. Por lo menos estuvo quizá diciendo cosas acertadas hasta el momento en que yo empecé a oírlo, pero luego de aquel momento empezó a decir cosas erróneas. Lo que pude recordar luego de haber despertado fue lo siguiente: «...parece ser la fórmula precisa de todo el universo. Lo vemos ejemplificado en todo lo que estudiamos. La bellota proviene de un roble maduro. El primer prototipo de motor, el cohete, no procede de otro prototipo inferior, sino de algo superior y más complejo, la mente del hombre, la de un genio. Los primeros dibujos prehistóricos no provienen de trazos primitivos, sino de las manos y el cerebro de seres humanos, cuyas manos y cuyo cerebro no puede demostrarse que fueran en absoluto inferiores a los nuestros; y ciertamente es obvio que el primer hombre que tuvo la idea de trazar dibujos es un genio más grande que todos los demás artistas que lo sucedieron. El embrión a partir del cual empezó la vida de todos nosotros no pudo haberse originado en algo más embrionario; tuvo su origen en dos seres humanos plenamente desarrollados, es decir, nuestros padres. La palabra clave es descenso, movimiento hacia abajo. El devenir de todas las cosas se produce desde lo más complejo hacia lo más simple. Las cosas burdas e imperfectas siempre surgen de algo perfecto y desarrollado».

No le di mucha importancia mientras me estaba afeitando, pero resulta que aquella mañana no tenía cita con ninguno de mis estudiantes. Así que, luego de haber terminado de contestar toda mi correspondencia, me senté a reflexionar sobre mi sueño.

Me parece que había mucho que decir respecto al conferencista de mi sueño. Es cierto que vemos por todos lados que hay cosas que crecen y maduran a partir de un comienzo pequeño y rudimentario; pero también es cierto que las cosas rudimentarias y pequeñas siempre provienen de cosas maduras y desarrolladas. Todos los adultos fueron alguna vez criaturas pequeñas, es cierto; pero también fueron adultos lo que concibieron y dieron a luz a las criaturas. El maíz no proviene de su semilla, sino la semilla del maíz. Podría incluso presentarle al conferencista de mi sueño un ejemplo que pasó por alto. Todas las civilizaciones empiezan siendo pequeñas, pero cuando uno las analiza siempre descubrirá que aquel pequeño inicio es en sí mismo una «semilla» (como cuando el roble deja caer su bellota) de otra civilización desarrollada. Las armas e incluso los utensilios de cocina de los antiguos bárbaros germanos son, por decirlo así, residuos del naufragio de la civilización romana. El punto de partida de la cultura griega se halla en los restos de la antigua civilización minoica, complementada con remanentes de la civilización egipcia y fenicia.

Pero pensé: «¿Y qué de la primera civilización de todas?». Tan pronto como me planteé esta pregunta me di cuenta de que el conferencista de mi sueño había escogido con mucho cuidado sus ejemplos. Había mencionado solamente cosas que aún podemos ver el día de hoy. Evitó mencionar el asunto del principio absoluto. Tenía razón cuando afirmó que tanto en el presente como en el pasado *histórico* vemos el mismo grado de vida imperfecta procedente de vida perfecta y viceversa. Sin embargo, ni siquiera intentó responder al verdadero conferencista respecto al inicio de toda la vida. La postura del verdadero conferencista era que una vez que uno retrocediera lo suficiente —hacia esas partes del pasado de las que sabemos muy poco— encontraría un comienzo absoluto y sería algo pequeño e imperfecto.

Aquello fue un punto a favor del conferencista verdadero. Por lo menos él tenía una teoría acerca del comienzo absoluto, mientras que el conferencista de mi sueño había titubeado. Pero ¿acaso el conferencista verdadero no titubeó también? No nos había dicho nada de que su teoría respecto a los orígenes absolutos requería que creyéramos que los hábitos de la naturaleza han cambiado completamente desde aquellos primeros días. Los hábitos actuales de la naturaleza nos presentan un ciclo sin fin (las aves que salen del huevo y viceversa). Sin embargo, el conferencista verdadero nos pide que creamos que todo el asunto empezó con un huevo al que no le precedió ninguna ave. Quizá así fuera. Pero toda la credibilidad *prima*

facie de su postura —la facilidad con la que la audiencia lo
aceptó como algo natural y obvio— se basaba en sus insegu-
ras palabras en torno a la inmensa diferencia entre esto y los
procesos que en realidad logramos observar. Nos logró engañar desviando nuestra atención hacia el hecho de que los huevos se convierten en aves y nos hizo olvidar que las aves ponen
huevos; ciertamente, se nos ha entrenado para que hagamos
esto toda nuestra vida: para observar el universo con un ojo
cerrado. El «desarrollismo» se presenta como algo verosímil
gracias a un truco.

Por primera vez en mi vida empecé a analizar el asunto
con mis dos ojos bien abiertos. En el mundo que me es familiar, lo perfecto produce lo imperfecto, y esto a su vez luego se
vuelve perfecto —el huevo produce un ave y el ave produce un
huevo— en un ciclo sin fin. Si alguna vez hubo vida que surgió
de su propia decisión a partir de un universo puramente inorgánico o una civilización que apareció por sus propios medios
a partir de un estado puramente salvaje, dicho evento sería
totalmente distinto al inicio de cualquier otra vida o civilización. Quizá pudo haber sucedido; pero toda su verosimilitud
se ha esfumado. Respecto a cualquier postura, el primer inicio debió haber sucedido fuera de los parámetros comunes de
la naturaleza. Un huevo que no surgió de ningún ave es tan
innatural como un ave que existió desde la eternidad. Y dado
que la secuencia huevo-ave-huevo no nos conduce a ningún
inicio creíble, ¿acaso no es razonable que busquemos el verdadero origen en otro lugar fuera de aquella secuencia? Uno
tiene que recurrir a algo fuera de la secuencia del desarrollo
de los motores, hacia el mundo del hombre, para descubrir
al verdadero creador de los cohetes. ¿Acaso no es igual de razonable que busquemos fuera de la naturaleza al Creador del
orden natural?

7. Meditaciones en un cobertizo
(1945)

Me encontraba el día de hoy en el oscuro cobertizo. El sol brillaba afuera y uno de sus rayos se colaba por una rendija sobre la puerta. Desde donde yo estaba, aquel destello de luz, con las partículas de polvo que flotaban bajo su haz, era lo más llamativo de aquel lugar. Casi todo lo demás se sumía en la oscuridad. Podía ver el haz, pero no me era posible ver las cosas de su alrededor.

Entonces me moví de lugar y el haz me dio en los ojos. Casi instantáneamente todo lo demás desapareció. Me fue imposible ver el cobertizo y (sobre todo) el haz de luz. Más bien, pude ver a través de la grieta irregular por sobre la puerta hojas verdes que se movían en las ramas de un árbol que se encontraba afuera y, más allá, a unos 150 millones de kilómetros, el sol. Mirar el entorno del haz y mirar el haz son dos experiencias muy distintas.

Pero esto es tan solo un ejemplo muy sencillo respecto a la diferencia entre mirar algo directamente y mirar su entorno. Un joven se encuentra con una muchacha. Todo el mundo se ve distinto cuando él mira a la chica. La voz de esta muchacha le recuerda al joven algo que ha estado tratando de recordar toda su vida, y diez minutos de una conversación informal con ella son más valiosos que todos los favores que otras muchachas le puedan ofrecer. Se encuentra, como se acostumbra a decir, «enamorado». Pues bien, ahora aparece un científico que describe la experiencia de este joven desde una perspectiva externa. Para él, se trata tan solo de un asunto de los genes del joven y un conocido estímulo biológico. En eso consiste la diferencia entre *observar* el entorno de los impulsos sexuales y *verlo* directamente.

Cuando hayas logrado desarrollar el hábito de ver las cosas considerando estas dos diferencias, encontrarás ejemplos de ello todo el día. El matemático se sienta a pensar, y para él todo indicaría que está contemplando verdades respecto a cantidades que trascienden el espacio y el tiempo. Pero el psicólogo, si pudiera observar dentro de la cabeza del matemático, no encontraría nada que trascienda el espacio y el tiempo, tan solo pequeños movimientos de materia gris. El salvaje danza extasiado a media noche frente a Nyonga y siente en cada músculo que su danza es útil para producir nuevas cosechas, traer nuevas lluvias y producir más hijos. El antropólogo que lo observa describe un ritual de fertilidad según la clasificación así o asá. La niña llora porque su muñeca se ha roto y cree que ha perdido una amiga de verdad; el psicólogo afirma que su instinto maternal naciente ha sido colmado de un poco de cera moldeada y de color.

Tan pronto como hayas comprendido esta sencilla diferencia, surgirá una pregunta. Uno logra una experiencia de algo observando su entorno y otra experiencia observándolo directamente. ¿Cuál de estas experiencias es «válida»? ¿Cuál de ellas te provee más información? Y difícilmente te harás esa pregunta sin darte cuenta de que en los últimos cincuenta años aproximadamente todos han dado por sentada la respuesta. Se ha dado por hecho sin discusión alguna que si uno desea la verdadera descripción de la religión, debe recurrir no a la gente religiosa, sino a los antropólogos; que si uno quiere la verdadera descripción del amor sexual, debe recurrir no a los que se aman, sino a los psicólogos; que si uno quiere comprender alguna «ideología» (como la caballería medieval o el concepto de lo caballeresco en el siglo XIX), debe escuchar no a los que lo vivieron, sino a los sociólogos.

La gente que *observa* cosas directamente ha hecho lo que ha querido; la gente que observa el *entorno* de las cosas ha sido sencillamente intimidada. Incluso se ha dado por sentado que los relatos externos de las cosas «refutan» los testimonios que se presenten desde dentro. «Todos esos ideales morales que aparentan ser tan trascendentes y hermosos desde adentro —dice el sabelotodo— son tan solo una amalgama de instintos biológicos y tabúes heredados». Y nadie se atreve a voltear la tortilla para jugar desde el lado opuesto: «Si tan solo experimentases las cosas desde dentro, eso que te parece que son instintos y tabúes de pronto te revelarían su naturaleza real y trascendente».

De hecho, esa es la base del pensamiento «moderno». Y quizás te digas: «¿Acaso no es una base muy razonable? Porque, después de todo, es normal que las cosas de adentro nos engañen. Por ejemplo, la joven que se ve tan hermosa mientras estemos enamorados quizá sea en realidad una persona simplona, estúpida y desagradable. Aquel salvaje que danzaba para Nyonga en realidad no hace que las cosechas aumenten. Nos hemos engañado muchas veces por observar el entorno. ¿Acaso no es mucho mejor confiar en algo solo a partir de la observación directa y, de hecho, descartar todas esas experiencias internas?».

Pues no. Hay dos objeciones fatales a descartarlo *todo*. La primera es la siguiente: las descartas con el fin del pensar de una manera más precisa. Pero no puedes pensar en absoluto —y así, obviamente, no puedes pensar con precisión— si no tienes *algo en* lo que pensar. Por ejemplo, un fisiólogo puede estudiar el dolor y llegar a la conclusión de que se trata de este o aquel proceso neurológico (sea lo que sea «se trata de»). Pero la palabra «dolor» carece de significado alguno para él excepto si ha «experimentado internamente» un dolor real. Si jamás observó el *entorno* del dolor, sencillamente jamás podrá observarlo *directamente*. El propio sujeto de su investigación desde el exterior existe para él solamente porque lo ha experimentado, por lo menos una vez, desde dentro.

Este caso no es probable, pues todos han experimentado el dolor. Pero es muy fácil que uno viva su vida dando explicaciones sobre la religión, la moral, el honor y temas parecidos sin haberlos experimentado internamente. Y si haces esto, sencillamente estás jugando con fichas. Das explicaciones de cosas sin realmente conocerlas. Por esta razón una gran cantidad del pensamiento moderno es, en el sentido estricto de la palabra, pensamiento acerca de nada: todo el mecanismo del pensamiento trabaja en el vacío.

La otra objeción es esta: volvamos al cobertizo. Es posible que yo haya descartado lo que vi en el entorno del haz de luz (por ejemplo, las hojas que se movían y el sol) basándome en que «se trataba realmente de un poco de polvo que atravesaba el haz de luz en aquel oscuro cobertizo». Es decir, es posible que yo haya considerado como «verdadera» mi experiencia del «entorno» del haz de luz. Pero, entonces, ese entorno es en sí mismo un ejemplo de lo que denominamos «ver». Y este nuevo ejemplo puede también ser visto desde el exterior. Podría permitir que un científico me dijera que lo que parece ser un haz de luz en el cobertizo fue «tan solo una excitación de mi nervio óptico». Y ello sería tan aceptable (o inaceptable) como exponer la falsedad del ejemplo anterior. La imagen del haz de luz en el cobertizo tendría que ser descartada, así como descartamos la imagen anterior de los árboles y el sol. Y entonces, ¿dónde estarías tú?

En otras palabras, uno puede escapar de alguna experiencia solamente ingresando a otra. Por tanto, si todas las experiencias internas son engañosas, siempre estaremos engañados. El psicólogo podría decirnos, si así lo desea, que el pensamiento del matemático son «tan solo» pequeños movimientos físicos de su materia gris. Sin embargo, ¿qué sucede con el propio pensamiento del psicólogo en ese preciso momento? Un segundo psicólogo que observa la situación podría también afirmar que se trata de pequeños movimientos físicos en la cabeza del primer psicólogo. ¿Y cuándo podremos detener este círculo vicioso?

La respuesta es que jamás debemos permitir que este círculo vicioso empiece. Debemos, bajo pena de caer en la idiotez, negar desde el principio la idea de que mirar las cosas *directamente*, por su propia naturaleza, es en sí mismo superior a mirar el *entorno* de las cosas. Uno debe observar en todas las cosas ambos aspectos, la visión *directa* y el *entorno*. En casos particulares, debemos encontrar razones para considerar que un aspecto es inferior al otro. Por tanto, la visión interna del pensamiento racional debe ser más cercana a la verdad que la visión externa que percibe solamente los movimientos de materia gris; porque si la visión externa fuese la correcta, todo pensamiento (incluyendo este) carecería de valor alguno, y esto sería una contradicción en sí misma. Uno no puede presentar una prueba de que todas las pruebas no sirven. Por otro lado, la visión interna de la danza del salvaje a Nyonga puede ser engañosa porque tenemos razones para creer que las cosechas y los hijos no tienen relación alguna con ello. De hecho, debemos considerar cada caso según sus propios méritos. Pero debemos hacerlo partiendo de una postura sin predisposición alguna hacia una u otra visión. No sabemos de antemano si es el enamorado o el psicólogo el que ofrece la descripción más correcta sobre el amor o si ambas descripciones son igualmente correctas pero descritas de diferente manera o si ambas están equivocadas. Tenemos que sencillamente hacer nuestro análisis. Pero el período de intimidación tiene que terminar.

8. El sermón y el almuerzo
(1945)

«Sí —dijo el predicador—, el hogar debe ser la base de nuestra vida nacional. Es ahí, al fin y al cabo, donde se forma el carácter. Es ahí donde aparecemos como realmente somos. Es ahí donde podemos dejar los cansados disfraces del mundo exterior y ser nosotros mismos. Es ahí donde nos retiramos del ruido y del estrés y de la tentación y de la disipación de la vida cotidiana para buscar las fuentes de las nuevas fuerzas y de la pureza renovada…». Y mientras hablaba me di cuenta de que toda la confianza que había en él había desaparecido de todos los miembros menores de treinta años de esa congregación. Hasta ese momento habían escuchado bien. Entonces empezaron los movimientos y las toses. Crujieron los bancos; los músculos buscaron cómo relajarse. El sermón, a efectos prácticos, había terminado; los cinco minutos durante los que el predicador siguió hablando fueron una total pérdida de tiempo, al menos para la mayoría de nosotros.

Si los desperdicié o no, ustedes lo juzgarán. Desde luego, no escuché más del sermón. Estaba pensando; y el punto de partida de mi pensamiento era la pregunta:«¿Cómo puede? ¿Cómo puede *él*, entre todos?». Ya que conocía bastante bien la propia casa del predicador. De hecho, había estado comiendo allí ese mismo día, tomando algo con el vicario, su esposa, su hijo (de la R.A.F.) y su hija (de la A.T.S.), que casualmente estaban de permiso. Podría haberlo evitado, pero la chica me había susurrado: «Por el amor de Dios, quédese a comer, se lo hemos pedido. Siempre es un poco más soportable cuando hay visita».

El almuerzo en la vicaría casi siempre sigue el mismo patrón. Comienza con un intento desesperado por parte de los jóvenes de mantener un brillante ritmo de conversación trivial: trivial no porque sea así su mentalidad (se puede tener una conversación real con ellos si se les encuentra a solas), sino porque a ninguno de ellos se le ocurriría decir en casa nada de lo que realmente están pensando, a menos que se les enoje tanto que se les obligue a hacerlo. Hablan solo para tratar de mantener a sus padres callados. No lo consiguen. El vicario interrumpe sin miramientos y alude a un tema muy diferente. Nos cuenta cómo reeducar a Alemania. Nunca ha estado allí y parece no saber nada ni de la historia ni de la lengua alemanas. «Pero, padre», comienza el hijo, y en eso se queda. Ahora está hablando su madre, aunque nadie sabe exactamente cuándo empezó. Cuenta una complicada historia sobre lo mal que la ha tratado algún vecino. Aunque le toma bastante tiempo, no nos enteramos ni de cómo empezó ni de cómo terminó: todo son detalles intermedios. «Madre, eso no es justo —dice finalmente la hija—. La señora Walker nunca dijo...», pero la voz de su padre vuelve a retumbar. Le está contando a su hijo sobre la organización de la R.A.F. Y así hasta que el vicario o su mujer dicen algo tan absurdo que el hijo o la hija les llevan la contraria e insisten en que se oiga. Por fin se ha llamado a la acción a las verdaderas mentes de los jóvenes. Hablan con intensidad, rapidez y en tono despectivo. Tienen los hechos y la lógica de su lado. Los padres responden. El padre vocifera; la madre (¡oh, bendita jugada de la reina doméstica!) está «herida», lo representa con todo el patetismo que puede. La hija se pone sarcástica. El padre y el hijo, ignorándose entre sí, empiezan a hablar conmigo. El almuerzo es una ruina.

Su recuerdo me atribula durante los últimos minutos del sermón. No me preocupa que la práctica del vicario difiera de su precepto. Eso es, sin duda, lamentable, pero no es nada del otro mundo. Como dijo el doctor Johnson, el precepto puede ser muy sincero (y, añadamos, muy provechoso) cuando la práctica es muy imperfecta,[1] y nadie, salvo un necio, descartaría las advertencias de un médico sobre el envenenamiento por alcohol porque el propio médico tome demasiado. Lo que me preocupa es el hecho de que el vicario no nos diga nada de que la vida en el hogar es difícil y tiene, como toda forma de vida, sus propias tentaciones y corrupciones. Sigue hablando como si el «hogar» fuera una panacea, un amuleto mágico que por sí mismo estuviera destinado a producir felicidad y virtud. El problema no es que no sea sincero, sino que es un necio. No habla desde su experiencia de la vida familiar: está reproduciendo automáticamente una tradición sentimental, y resulta que es una tradición falsa. Por eso los feligreses han dejado de escucharlo.

Si los maestros cristianos desean llamar al pueblo cristiano a la vida del hogar —y yo, por mi parte, creo que debe ser llamado a ella— la primera necesidad es dejar de decir mentiras sobre la vida en familia y sustituirlas por una enseñanza realista. Los principios fundamentales podrían ser más o menos así:

1.   Desde la Caída, ninguna organización o forma de vida tiene una tendencia natural a ir como debería. En la Edad Media, algunas personas pensaban que solo con entrar en una orden religiosa se convertirían automáticamente en santos y bienaventurados: toda la literatura nacional de la época se hace eco de la exposición de ese error fatal. En el siglo XIX algunos pensaban que la vida de la familia monógama los haría automáticamente santos y felices; la radical literatura antifamiliar de los tiempos modernos —los Samuel Butler, los Goss, los Shaw— les dio la respuesta. En ambos casos, los «desacreditadores» pueden haber estado equivocados en cuanto a los principios y pueden haber olvidado la máxima *abusus non tollit usum*;[2] pero en ambos casos tenían bastante razón en cuanto a

---

1. James Boswell, *Life of Johnson*, ed. George Birkbeck Hill (Oxford, 1934), vol. IV, p. 397 (2 diciembre 1784).
2. «El abuso no deslegitima el uso».

los hechos. Tanto la vida familiar como la vida monástica eran a menudo detestables, y hay que notar que los defensores serios de ambas son muy conscientes de sus peligros y no sufren su ilusión sentimental. El autor de la *Imitación de Cristo* sabe (nadie mejor que él) lo fácil que es que la vida monástica se malogre. Charlotte M. Yonge deja muy claro que la domesticidad no es un pasaporte al cielo en la tierra, sino una ardua vocación: un mar lleno de rocas ocultas y peligrosas costas de hielo donde solo se puede navegar con un mapa celestial. Este es el primer punto en el que debemos ser absolutamente claros. La familia, como la nación, puede serle ofrecida a Dios, puede ser convertida y redimida; entonces se convertirá en el canal de bendiciones y gracias particulares. Pero, como todo lo humano, necesita redención. Si no se le da importancia, solo producirá tentaciones, corrupciones y miserias particulares. La caridad empieza en casa; la falta de caridad, también.

2.   Por conversión o santificación de la vida familiar hay que tener cuidado de entender algo más que la conservación del «amor» en el sentido del afecto natural. El amor (en ese sentido) no es suficiente. El afecto, distinto de la caridad, no es causa de felicidad duradera. Si se deja a su inclinación natural, el afecto se acaba volviendo codicioso, insistentemente solícito, celoso, exigente, timorato. Sufre agonía cuando su objeto está ausente, pero no se ve recompensado por ningún disfrute prolongado cuando está presente. Incluso en la mesa del vicario, el afecto fue en parte la causa de la disputa. Ese hijo habría soportado con paciencia y humor en cualquier otro anciano la tontería que le enfurecía en su padre. Pierde la paciencia porque todavía (de alguna manera) le «importa». La esposa del vicario no sería ese interminable quejido de autocompasión que es ahora si no «amara» (en cierto sentido) a la familia: la continua decepción de su continua y despiadada demanda de simpatía, de afecto, de aprecio ha contribuido a convertirla en lo que es. Me parece que la mayoría de los moralistas populares no prestan suficiente atención a este aspecto del afecto. La codicia por ser amado es algo temible. Algunos de los que

dicen (y casi con orgullo) que viven solo por amor llegan, al final, a vivir en un incesante resentimiento.

3.   Debemos notar el enorme escollo que supone esa misma característica de la vida hogareña que tan a menudo se presenta como su principal atractivo. «Es en ella donde nos presentamos como realmente somos: donde podemos dejar de lado los disfraces y ser nosotros mismos». Estas palabras, en boca del vicario, eran demasiado ciertas y él demostró en la mesa del almuerzo lo que significaban. Fuera de su propia casa se comporta con la cortesía ordinaria. No habría interrumpido a ningún otro joven como interrumpió a su hijo. En cualquier otra sociedad no habría dicho, convencido, tonterías sobre temas que desconocía por completo: o, si lo hubiera hecho, habría aceptado la corrección con buen talante. De hecho, valora el hogar como el lugar donde puede «ser él mismo» en el sentido de pisotear todas las restricciones que la humanidad civilizada ha encontrado indispensables para una relación social tolerable. Y esto, creo, es muy común. Lo que distingue principalmente la conversación doméstica de la pública es, sin duda, muy a menudo, su simple y franca grosería. Lo que distingue el comportamiento doméstico es a menudo su egoísmo, su dejadez, su falta de civismo e incluso su brutalidad. A menudo sucederá que quienes alaban con más fuerza la vida del hogar son los peores infractores en este sentido: la alaban —siempre están contentos de llegar a casa, odian el mundo exterior, no soportan las visitas, no se molestan en conocer a la gente, etc.— porque las libertades en las que se complacen en casa han terminado por hacerlos incapaces para la sociedad civilizada. Si practicaran en algún otro lugar el único comportamiento que ahora consideran «natural», serían noqueados sin más.

4.   ¿Cómo *deben* comportarse las personas en casa? Si un hombre no puede estar cómodo y despreocupado, no puede descansar y «ser él mismo» en su propia casa, ¿dónde puede? Ese es, lo confieso, el problema. La respuesta es alarmante. *No hay ningún lugar* a este lado del cielo en el que uno pueda

ponerle las riendas al caballo sin correr ningún riesgo. Hasta que «nosotros mismos» nos hayamos convertido en hijos de Dios, nunca será lícito simplemente «ser nosotros mismos». Todo está en el himno: «Cristiano, no busques aún el reposo». Esto no significa, por supuesto, que no haya diferencias entre la vida en el hogar y la sociedad en general. Significa que la vida en el hogar tiene sus propias reglas de cortesía, un código más íntimo, más sutil, más sensible y, por tanto, en cierto modo más difícil, que el del mundo exterior.

5.   Por último, ¿no debemos enseñar que si el hogar ha de ser un medio de gracia debe ser un lugar de *reglas*? No puede haber una vida en común sin una *regula*. La alternativa al gobierno no es la libertad, sino la tiranía inconstitucional (y a menudo inconsciente) del miembro más egoísta.

En una palabra, ¿debemos dejar de predicar la vida en familia o más bien empezar a predicarla en serio?

¿No debemos abandonar los elogios sentimentales y empezar a dar consejos prácticos sobre el alto, duro, encantador e intrépido arte de crear la familia cristiana?

9.   Sobre la transmisión del cristianismo[1]
(1946)

Durante la guerra pasamos con gran interés de los relatos periodísticos de los combates a los reportes de cualquier soldado que acabara de regresar de ellos. El manuscrito de este libro, cuando llegó a mis manos, me produjo una emoción similar. Los debates sobre la educación y sobre la educación religiosa son admirables, pero aquí tenemos algo diferente: un registro de primera mano de los resultados que el sistema existente está de hecho produciendo mientras nosotros discutimos. Su valor se ve reforzado por el hecho de que el autor no es un ministro de educación, ni un director de escuela, ni un clérigo, ni siquiera un docente profesional. Los hechos que registra son hechos con los que se topó inesperadamente, casi (se podría decir) accidentalmente, mientras realizaba un trabajo particular en tiempos de guerra.

Hay, por supuesto, más cosas en el libro. Pero enfatizo su valor puramente documental porque me parece que es lo más importante, lo que debería atraer la atención del público. Los resúmenes de las conferencias del autor —o más bien las aperturas de los debates— rebosan de interés, y muchos querrán comentarlos. Son la parte del libro de la que más fácil resulta hablar. Pero insisto en que concentrarse en esa parte sería una evasión.

Una vez tomada en cuenta la posibilidad (deliciosamente insospechada por él mismo) de que el autor posea un talento inusual como docente, hay dos hechos que destacan en su

---

1. Este artículo se publicó originalmente como prefacio del libro de B. G. Sandhurst *How Heathen is Britain?* (Londres, 1946), en el que el señor Sandhurst describe su trabajo con un grupo de jóvenes en un intento de descubrir cuáles eran sus puntos de vista sobre el ser humano y la divinidad de Cristo.

exposición. En primer lugar, que el contenido y los argumentos a favor del cristianismo no se presentan ante la mayoría de los escolares bajo el sistema actual; y en segundo lugar, que cuando se presentan, la mayoría los encuentra aceptables. La importancia de estos dos hechos radica en que, entre ellos, disipan toda la niebla de «razones para el declive de la religión» que se esgrimen y se creen a menudo. Si hubiéramos observado que a los jóvenes de hoy les resultaba cada vez más difícil obtener el resultado correcto de una suma, lo habríamos explicado adecuadamente en cuanto descubriéramos que las escuelas habían dejado de enseñar aritmética por algunos años. Luego de ese descubrimiento, haríamos oídos sordos a la gente que ofreciera explicaciones de un tipo más vago y amplio: los que dijeran que la influencia de Einstein había minado la creencia ancestral en las relaciones numéricas fijas, o que las películas de gánsteres habían socavado el deseo de obtener respuestas correctas, o que la evolución de la conciencia estaba entrando ahora en su fase postaritmética. Cuando una explicación clara y sencilla da buena cuenta de los hechos, no se acude a ninguna otra. Si a las nuevas generaciones no se les ha contado nunca lo que dicen los cristianos y no han escuchado ningún argumento en su defensa, se entiende perfectamente su agnosticismo o indiferencia. No hace falta buscar más: no hace falta hablar del clima intelectual general de la época, ni de la influencia de la civilización mecanicista en el carácter de la vida urbana. Y, al haber descubierto que la causa de su ignorancia es la falta de instrucción, hemos descubierto también el remedio. No hay nada en la naturaleza de la generación más joven que la incapacite para recibir el cristianismo. Si alguien está dispuesto a contárselo, yo diría que ellos están dispuestos a escucharlo.

Admito, por supuesto, que la explicación que nuestro autor ha descubierto sitúa el problema una generación más atrás. Los jóvenes de hoy no son cristianos porque sus profesores no han querido o no han podido transmitirles el cristianismo. Para explicar la impotencia o incredulidad de sus maestros hay que buscar razones más amplias y, sin duda, más imprecisas. Pero eso, conste, es un problema histórico. Los maestros de escuela de hoy son, en su mayoría, los estudiantes de hace veinte años, los productos de la «posguerra». El clima mental que domina ahora el aula de formación es el de la década de 1920. En otras palabras, las fuentes de la incredulidad entre los jóvenes de hoy no están en ellos. La perspectiva que tienen —hasta que se les enseñe mejor— es una estela que queda de una época anterior. Lo que los aleja de la fe no es nada intrínseco a ellos mismos.

Este hecho tan obvio —que a cada generación la enseña una generación anterior— hay que tenerlo muy presente. Las creencias que los muchachos recién salidos de la escuela tienen ahora son en gran medida las creencias de los años veinte. Las que tendrán los chicos de la escuela en la década de 1960 serán, en gran medida, las de los estudiantes universitarios de hoy. En cuanto se nos olvida esto, empezamos a decir tonterías sobre la educación. Hablamos de las opiniones de la adolescencia contemporánea como si tuviera alguna peculiaridad que hubiera producido por sí misma esas perspectivas. En realidad, suelen ser un resultado con retraso —pues el mundo mental también tiene sus bombas de relojería— de una adolescencia ya pasada, ahora en la mediana edad y con el dominio sobre las aulas. De ahí la inutilidad de muchos planes de educación. Nadie puede dar a otro lo que él mismo no posee. Ninguna generación puede legar a su sucesora lo que no tiene. Puede estructurar el programa de estudios como quiera. Pero aun después de elaborar planes e informes *ad nauseam,* si somos escépticos solo enseñaremos escepticismo a nuestros alumnos; si somos necios, solo necedad; si vulgares, solo vulgaridad; si santos, santidad; si héroes, heroísmo. La educación es solo el más consciente de los canales por los que cada generación influye en la siguiente. No es un sistema cerrado. Nada que no esté en los profesores puede pasar de ellos a los alumnos. Todos admitiremos que un hombre que no sabe griego no puede enseñar ese idioma a sus alumnos; y es igualmente cierto que un hombre cuya mente se formó en un período de cinismo y desilusión no puede enseñar esperanza o entereza.

Una sociedad de mayoría cristiana propagará el cristianismo en sus escuelas: una que no lo sea, no lo hará. Ni todos los ministerios de educación del mundo pueden modificar esta ley. A la larga, tenemos poco que esperar o temer del gobierno.

El Estado puede poner la educación cada vez más firmemente a su cargo. No dudo que con ello pueda fomentar el conformismo, quizás incluso el servilismo, hasta cierto punto, pues el poder del Estado para hacer que una profesión deje de ser liberal es sin duda muy grande. Pero la enseñanza deben seguir impartiéndola individuos humanos concretos. El Estado tiene que utilizar personas que existen. No, mientras sigamos siendo una democracia, son los hombres los que dan al Estado sus poderes. Y sobre estos hombres, hasta que se extinga toda libertad, soplan los vientos libres de la opinión. Sus mentes se han formado con influencias que el gobierno no puede controlar. Y a medida que vayan surgiendo, irán enseñando. Que el esquema abstracto de la educación sea el que tenga que ser, pero su funcionamiento real será el que los hombres hagan que sea. Sin duda, en cada generación de profesores habrá un porcentaje, quizá incluso una mayoría, de títeres del gobierno. Pero no creo que sean ellos los que determinan el carácter real de la educación. El niño —y quizás especialmente el niño inglés— tiene un buen instinto. La enseñanza de un solo hombre verdadero llegará más lejos e incidirá más profundamente que la de una docena de advenedizos. Un ministro de educación (cuyo precedente se remonta, si no me equivoco, hasta Juliano el Apóstata)[2] puede desterrar al clero cristiano de las escuelas. Pero si el viento de la opinión sopla en la dirección cristiana, no conseguirá nada. Puede que incluso nos haga bien; y el ministro habrá sido, sin saberlo, «el mayordomo de la diosa».[3]

A menudo se nos dice que la educación es un puesto clave. Eso es muy equivocado en un sentido y muy cierto en otro. Si significa que se puede hacer algo importante interfiriendo en

---

2. Emperador romano, 361-63 d. C.
3. Chaucer, *The Hous of Fame*, Libro II, verso 592.

las escuelas existentes, alterando los planes de estudio y demás, está muy equivocado. Los maestros enseñarán en función de cómo son ellos mismos. Su «reforma» puede incomodarles y hacerles trabajar demasiado, pero no alterará radicalmente el efecto total de su enseñanza. La planificación no tiene ninguna magia que permita sacar higos de los cardos o peras del olmo. El árbol rico, lleno de savia y cargado de frutos dará dulzura y fuerza y salud espiritual: el árbol seco, espinoso y marchito enseñará el odio, los celos, la desconfianza y el complejo de inferioridad, no importa lo que le *digas* que enseñe. Lo harán inconscientemente y todo el tiempo. Pero si queremos decir que para formar cristianos adultos ahora e, incluso más allá de ese círculo, para difundir las percepciones y virtudes inmediatamente subcristianas, la rica *penumbra* platónica o virgiliana de la fe, y así alterar el tipo de maestros que habrá en el futuro; si queremos decir que llevar a cabo esto es realizar el mayor de los servicios para nuestros descendientes, entonces es muy cierto.

Así al menos me parece a mí; no sé hasta qué punto el autor estaría de acuerdo conmigo. Ha expuesto el funcionamiento real de la educación moderna. Culpar de esto a los maestros de los últimos diez años sería ridículo. La mayoría de ellos no transmitieron el cristianismo porque no lo tenían: ¿acusaremos a un eunuco porque no tiene hijos o a una piedra porque no sangra? La minoría, aislada en un entorno hostil, probablemente ha hecho todo lo que ha podido, quizás ha hecho maravillas, pero había poco que estuviera en su mano. Nuestro autor también ha demostrado que la ignorancia y la incredulidad de los alumnos se pueden muy a menudo eliminar: sus raíces son mucho más superficiales de lo que habíamos temido. No extraigo de esta conclusión que ahora nos corresponda «hincarles el diente a las escuelas». Por un lado, no creo que se nos permita hacerlo. Es poco probable que en los próximos cuarenta años Inglaterra tenga un gobierno que fomente o ni siquiera tolere cualquier elemento radicalmente cristiano en su sistema estatal de educación. Allí donde la marea fluye hacia un creciente control del Estado, el cristianismo, con sus reivindicaciones por un lado personales y por otro ecuménicas, y en ambos sentidos antitéticas del gobierno plenipotenciario, debe ser tratado siempre de hecho (aunque todavía no de palabra) como un enemigo. Como el aprendizaje, como la familia, como cualquier profesión antigua y liberal, como el derecho común, el cristianismo le da al individuo un terreno firme donde plantarle cara al Estado. De ahí que Rousseau, el padre de los totalitarios, dijera sabiamente (desde su punto de vista) sobre el cristianismo: *Je ne connais rien de plus contraire à l'esprit social.*[4] En segundo lugar, aunque se nos permitiera imponer un plan de estudios cristiano en las escuelas existentes con los maestros existentes, solo estaríamos convirtiendo a los maestros en hipócritas y así endureceríamos los corazones de los alumnos.

Me refiero, por supuesto, a las grandes escuelas en las que ya se ha imprimido un carácter laico. Que alguien, en algún pequeño rincón fuera del alcance del Estado plenipotenciario, puede crear o conservar una escuela realmente cristiana, eso es otra cuestión. Su deber es claro.

Por lo tanto, no creo que nuestra esperanza de rebautizar Inglaterra resida en intentar «llegar» a las escuelas. La educación no es *en ese sentido* un puesto clave. Lo efectivo es convertir al vecino adulto y al adolescente recién salido del colegio. El cadete, el estudiante, el joven trabajador de la C. W. U. son objetivos obvios: pero cualquiera de ellos y todos ellos son objetivos. Si haces que los adultos de hoy sean cristianos, los niños de mañana recibirán una educación cristiana. Ten la seguridad de que lo que una sociedad tiene es, eso y nada más, lo que transmitirá a sus jóvenes. La obra es urgente, pues la gente perece a nuestro alrededor. Pero no hay que estar inquietos acerca del final. Mientras los cristianos tengan hijos y los no cristianos no, no hay que preocuparse por el próximo siglo. Los que adoran la Fuerza Vital no hacen mucho por transmitirla: aquellos cuyas esperanzas se basan totalmente en el futuro del planeta no le confían mucho. Si estos procesos continúan, difícilmente puede ponerse en duda la cuestión final.

---

4. «No conozco nada más opuesto al espíritu social».

10. El declive de la religión
(1946)

Por lo que veo de los universitarios de primer año en la actualidad, sería muy fácil llegar a conclusiones opuestas respecto al aprieto en que se encuentra la religión de lo que yo llamo «la generación emergente», si bien en realidad el grupo estudiantil incluye hombres y mujeres que están tan divididos los unos de los otros en edad, aspecto externo y experiencia como lo están los catedráticos. Se pueden presentar pruebas suficientes para demostrar tanto que la religión se encuentra en su última etapa de declive entre esa generación como que una de sus características más sobresalientes es un resurgimiento de la religión. Y de hecho se dan al mismo tiempo algo que podríamos llamar «declive» y algo que podríamos denominar «resurgimiento». Quizá sería más útil intentar comprender ambos fenómenos que echar suertes y «elegir al ganador».

El «declive de la religión» que la gente tan a menudo lamenta (o celebra) se manifiesta en las capillas vacías. Ahora bien, es cierto que las capillas estaban llenas en 1900 y que ahora en 1946 están vacías. Sin embargo, este cambio no fue gradual. Sucedió en el preciso momento en que la asistencia a las capillas dejó de ser obligatoria. En realidad no fue un declive: fue una caída a un precipicio. Los sesenta hombres que asistían a la capilla, solo porque empezaba un poco más tarde que los «rollers»[1] (la única opción que tenían), dejaron de

---

1. Después de esto surgió un grupo de estudiantes no anglicanos en los colegios de Oxford, que no deseaban asistir a las capillas para los cultos de la mañana y a quienes se les exigió que se presentaran al párroco de la universidad cinco a diez minutos antes del culto y que escribieran sus nombres en una lista (*roll-call*). Por tanto, los *rollers*

venir; los únicos que quedaron fueron cinco cristianos. Cuando se eliminó la obligación de asistir a la capilla, no se creó una nueva situación religiosa, tan solo reveló una situación que ya existía por mucho tiempo. Y esto es algo típico del «declive de la religión» por todo el Reino Unido.

En todas las aulas y en cada rincón del país, la práctica visible del cristianismo ha disminuido tremendamente en los últimos cincuenta años. A menudo este fenómeno se usa para demostrar que la nación en su conjunto ha pasado de tener una perspectiva cristiana a una secular. Pero si juzgamos el siglo XIX a partir de los libros que se escribieron, la perspectiva de nuestros abuelos (con pocas excepciones) era tan secular como la nuestra. Las novelas de Meredith, Trollope y Thackeray no fueron escritas por o para hombres que percibieran el mundo como un vestíbulo de la eternidad, que considerasen el orgullo uno de los pecados más graves, que anhelasen ser pobres en espíritu y que buscasen una salvación sobrenatural. Incluso más importante es que en *Cuento de Navidad* de Dickens no haya ningún interés en la encarnación de Cristo. María, los magos de Oriente y los ángeles son sustituidos por «espíritus» que él mismo creó, y los animales que aparecen no son la vaca y el burro del establo, sino un ganso y un pavo de la pollería. Pero lo que más llama la atención es el capítulo treinta y tres de *El anticuario*, escrito por *sir* Walter Scott, donde *lord* Glenallan logra perdonar a la vieja Elspeth por su insoportable error. Scott describe a Glenallan como un asceta penitente de toda la vida, un hombre obsesionado con lo sobrenatural. Pero cuando se le presenta la oportunidad de perdonar, no entra en juego ningún motivo cristiano: la batalla la ha ganado «por haber sido una persona generosa». A Scott no se le cruza por la mente que sus hechos, sus soledades, su rosario y su confesor, aunque útiles como «propiedades»

---

que no asistían a la capilla debían levantarse más temprano que los que sí asistían. El día de hoy, ya no es obligatorio asistir a la capilla ni escribir el nombre en la lista de no asistentes.

románticas, pudieran haber tenido relación con un acto importante que afecta la trama del libro.

Me siento con un poco de ansiedad porque no quiero que se me malinterprete. No quiero dar a entender que Scott no fuera un escritor valiente, generoso, honesto y magnífico. Lo que quiero decir es que en sus obras, así como en las de la mayoría de sus contemporáneos, solo se toman en serio los valores seculares y naturales. En ese sentido, Platón y Virgilio están más cerca del cristianismo que Scott y su generación.

Así pues, el «declive de la religión» se vuelve un fenómeno bastante ambiguo. Una manera de explicar lo que ha sucedido sería afirmar que la religión que ha sufrido tal declive no es el cristianismo. En realidad ha sido un difuso teísmo que demostraba tener un fuerte y varonil código de conducta moral, el cual, en vez de enfrentarse al «mundo», fue absorbido por todo el entramado social de las instituciones y sentimientos ingleses y, por tanto, exigía la asistencia a la iglesia como parte (en el mejor de los casos) de la lealtad y los buenos modales y (en el peor de los casos) como prueba de honor. Por eso las presiones sociales, como la de eliminar la obligación de asistir a la iglesia, no crearon ninguna situación nueva. La nueva libertad permitió en primer lugar que las observaciones fueran más precisas. Es más fácil conocer el número exacto de creyentes cuando no hay nadie que vaya a la iglesia si no es para buscar a Cristo. Debo añadir que esta nueva libertad fue causada en parte por las mismas condiciones que dio a conocer. Si las distintas fuerzas anticlericales y opuestas al teísmo que operaban en el siglo XIX hubiesen tenido que atacar la sólida falange de cristianos radicales, la historia quizá habría sido distinta. Pero la mera «religión» —«la moral teñida de emoción», «lo que el hombre hace en soledad», «la religión de todos los hombres buenos»— tiene poco poder de resistencia. No sabe decir no.

Así entendido, el declive de la «religión» me parece en cierta forma una bendición. En el peor de los casos, nos aclara el asunto. Para el universitario moderno, el cristianismo es, por lo menos, un asunto de opciones intelectuales. Es, por decirlo de una manera, parte de la agenda: podemos discutirlo y quizá tengamos una charla después. Recuerdo aquellos tiempos cuando esto era más difícil. La «religión» (en contraste con el cristianismo) era demasiado difusa como para ser discutida («demasiado sagrada como para tan siquiera mencionarla») y tan mezclada con los sentimientos y el buen aspecto que formaba parte de aquellos temas vergonzosos. Si se tenía que hablar de ello, debía hacerse con susurros y al oído. El escándalo de la cruz tiene, y así debe ser, algo que jamás desaparecerá. Pero la vergüenza social y sentimental ha desaparecido. La niebla de la «religión» se ha disipado; la ubicación y tamaño de ambos ejércitos pueden ahora verse con toda claridad; y ahora es posible el fuego cruzado.

El declive de la «religión» es sin duda una desgracia para el «mundo». Supongo que, debido a ello, se ha puesto en peligro todo lo que convirtió a Inglaterra en un país feliz: la pureza relativa de su vida pública, la bondad relativa de su fuerza policial y la posibilidad de un poco de respeto mutuo y amabilidad entre oponentes políticos. Pero no estoy seguro de si eso hace que las conversiones al cristianismo sean más escasas y difíciles: creo que sucede lo contrario. Hace que la elección sea inevitable. Cuando el espíritu conciliador de los Caballeros de la Mesa Redonda queda destruido, todos deben elegir entre Galahad o Mordred: la vía intermedia ha desaparecido.

Y ahí se va el declive de la religión; ahora abrimos paso al avivamiento cristiano. Aquellos que alegan que se ha logrado el avivamiento señalan el éxito (*éxito* en el sentido de algo demostrable con cifras de ventas) de varios escritores cristianos explícitos e incluso violentos, de la aparente popularidad de conferencias teológicas y del ambiente brusco de conversaciones poco amigables en el que vivimos. De hecho, la cuestión está en lo que he oído describirse como «el barullo intelectual cristiano». Es difícil describir este fenómeno en términos neutrales, pero quizá nadie pueda negar que ahora el cristianismo se ha subido a la «palestra» entre los más jóvenes de la *intelligentsia* como jamás ocurrió, por decirlo así, en 1920. Solo los estudiantes novatos dan por obvias las posturas anticristianas. Los días de la «incredulidad sencilla» están tan muertos como los de la «fe sencilla».

Respecto a esto, quienes se encuentran en el mismo bando que yo están bien agradecidos. Tenemos razón de dar gracias, y el comentario que tengo que añadir no es, espero, el de una persona de mediana edad que quiere aguarles la fiesta a los suyos, sino el de alguien que desea prevenir y, por tanto, evitar posibles desilusiones.

En primer lugar, toda persona que haya aceptado el cristianismo debe admitir que el aumento en el interés público por su fe, o incluso el incremento en la aceptación intelectual de esta, están muy lejos de ser la conversión de toda Inglaterra o ni siquiera de una sola persona. La conversión requiere un cambio de la voluntad, que en última instancia no sucede sin la intervención de lo sobrenatural. No estoy de acuerdo en lo absoluto con aquellos que llegan a la conclusión de que la diseminación de un clima intelectual (e imaginativo) propicio para el cristianismo sea algo inútil. Sería como tratar de demostrar que los trabajadores que producen municiones no sirven de nada porque no van a la guerra a luchar y ganar, si es que queremos atribuir a las tropas en combate un honor especial. Si el clima intelectual es tal que, cuando un hombre se encuentre con el dilema de aceptar o rechazar a Cristo, su razón e imaginación no están del lado equivocado, entonces este conflicto se luchará bajo condiciones favorables. Los que contribuyen a producir y fomentar tal clima realizan una obra útil: sin embargo, después de todo, no es gran cosa. Su contribución es muy modesta; y siempre existe la posibilidad de que nada, nada en lo absoluto, se produzca de ello. Más allá de donde ellos se encuentran, está el carácter que, hasta donde yo sé, el actual movimiento cristiano todavía no ha producido: el *predicador* en el pleno sentido de la palabra, el evangelista, el hombre fervoroso, el que infecta a todos. El propagandista, el apologeta, tan solo representa a Juan el Bautista; el *predicador* representa al propio Señor. Será enviado, o no será. Pero, a menos que él venga, nosotros los intelectuales cristianos lograremos muy poco. Con ello no quiero decir que debemos cesar de toda actividad.

En segundo lugar, debemos recordar que el interés generalizado y entusiasta en el tema es precisamente lo que conocemos como una moda. Y las modas no duran. El actual movimiento cristiano quizá tenga, o quizá no, una larga duración. Pero tarde o temprano perderá el interés del público; en lugares como Oxford, estos cambios suceden con bastante rapidez. Bradley y los demás idealistas pasaron de moda muy rápido, el esquema de Douglas desapareció incluso más velozmente, el vorticismo se esfumó de la noche a la mañana.[2] (¿Quién recuerda a Pogo? ¿Quién lee *Childermass*?).[3] Sea lo que sea lo que la simple moda nos haya otorgado en nuestro presente éxito, la simple moda nos lo quitará. Las verdaderas conversiones son lo único que permanecerá: nada más. En este sentido quizá nos encontremos por ingresar en un verdadero y permanente avivamiento cristiano: pero se llevará a cabo de una manera lenta y velada en grupos pequeños. La alegría presente (si me permiten llamarla así) es pasajera. Debemos almacenar el trigo en los graneros antes de que nos llegue la lluvia.

Este elemento pasajero es el destino de todo movimiento, moda, clima intelectual y demás asuntos parecidos. Pero un movimiento cristiano también se enfrenta a algo más severo que un simple capricho del gusto. No hemos tenido todavía (por lo menos entre los estudiantes de primer año de Oxford)

2. F. H. Bradley (1846–1924) fue profesor en Merton College, Oxford, y autor de *Appearance and Reality* (Londres, 1893). El socioeconomista y mayor del ejército británico, C. H. Douglas, escribió, entre otras obras, *Social Credit* (Londres, 1933). El vorticismo fue un movimiento artístico británico de la década de 1920.

3. Prácticamente nadie lo hace. Hasta donde he investigado, el Pogo o Pogo saltarín, que fue inventado en 1922, es un dispositivo para saltar con la ayuda de un resorte.

Childermass fue escrita por P. Wyndham Lewis (Londres, 1928).

ninguna oposición realmente implacable. Pero si logramos tener más éxitos, de seguro que aparecerán. El enemigo aún no cree que valga la pena atacarnos con toda su fuerza. Pero pronto lo hará. Esto sucede en la historia de todo movimiento cristiano, empezando con el ministerio del propio Cristo. En un inicio, todos los que no tienen ninguna razón para oponérsele le dan la bienvenida; a estas alturas, todo el que no está contra él está con él. Lo que la gente nota es la diferencia con aquellos aspectos del mundo con los que no concuerdan. Pero más adelante, cuando el verdadero significado del cristianismo sale a la luz, es decir, la entrega total a este, el gran abismo entre lo natural y lo sobrenatural, entonces la gente empieza cada vez más a sentirse «ofendida». Entonces aparecen la aversión, el miedo y finalmente el odio; nadie de aquellos a los que se les ha pedido entregarlo todo (y es que así es, hay que entregarlo todo) puede soportarlo; todos los que no están de acuerdo lo rechazan del todo. Por esta razón no debemos emocionarnos con el movimiento intelectual presente, que pretende crecer y expandirse entre millones por medio de una dulce razonabilidad. Recordemos que, mucho antes de esto, la oposición ya se encontraba presente y estar del lado cristiano significaba que uno perdía su sustento (por lo menos). Recordemos también que es muy probable que en Inglaterra a la oposición se le *llame* cristianismo (o «cristidemocracia» o cristianismo británico o algo por el estilo).

Pienso —¿cómo estar seguro de ello?— que todo va bastante bien. Pero aún es muy temprano. Aún no hemos entablado batalla contra nuestros enemigos. Los combatientes tienen la tendencia a pensar que la guerra va más avanzada de lo que realmente está.

II.   Vivisección
(1947)

Escuchar un debate racional en torno a la vivisección es la cosa más rara del mundo. Los que están en desacuerdo con ella han sido comúnmente acusados de ser «sentimentales», y muy a menudo sus argumentos justifican la acusación. Presentan imágenes de lindos cachorritos sobre mesas de disección. Pero el otro lado también ofrece la misma respuesta. A menudo defiende las vivisecciones presentando imágenes de mujeres y niños que sufren y cuyo dolor puede aliviarse (se nos garantiza) solamente con los resultados de las vivisecciones. Las súplicas de ambos lados se dirigen a las emociones, a esa emoción específica llamada pena. Y ningún argumento logra demostrar nada. Si es algo correcto —si lo es en lo absoluto, es una obligación—, entonces sentir pena por el animal es una de las tentaciones que debemos resistir con el fin de cumplir nuestra obligación. Si es algo malo, entonces la pena por el sufrimiento humano es precisamente la tentación que con más probabilidad nos tiente a realizar aquello que es incorrecto. Sin embargo, la auténtica cuestión —si está bien o mal— se mantiene tal como estaba.

El debate racional sobre este asunto empieza cuando nos preguntamos si el dolor es o no es un mal. Si no lo es, la acusación contra la vivisección fracasa. Pero también fracasaría la defensa de la vivisección. Si no logra defenderse por la razón de reducir el sufrimiento humano, ¿qué razón la podrá defender? Y si el dolor no constituye un mal, ¿por qué se debería mitigar el sufrimiento humano? Por tanto, debemos asumir como base para todo el debate que el dolor es un mal, de otra manera no habría necesidad de debatir nada en lo absoluto.

Ahora, si el dolor es un mal, entonces infligir dolor, visto por sí mismo, debe ser claramente un acto de maldad. Sin embargo, hay cosas que las consideramos males necesarios. Algunos actos que consideramos malos en sí mismos quizá sean excusables e incluso loables cuando sean medios necesarios para lograr un bien mayor. Cuando decimos que infligir dolor, llanamente en sí mismo, es algo malo, no damos a entender que jamás debemos infligir dolor. La mayoría de nosotros cree que se puede infligir dolor para obtener un buen resultado, como en los dentistas o con el castigo en los reformatorios. La cuestión es que siempre requiere alguna justificación. A aquel que inflige dolor le corresponde demostrar la razón por la que algo que en sí es malo se convierte, en esas circunstancias particulares, en algo bueno. Si nos encontramos con alguien que complace a los demás, nos corresponde a nosotros (si lo criticamos) demostrar que sus actos son malos. Pero si nos encontramos con alguien que inflige dolor a los demás, le corresponde a él demostrar que sus actos son buenos. Si no puede demostrarlo, es un hombre perverso.

Ahora bien, la vivisección solo puede justificarse si logramos demostrar que una especie debe sufrir con el fin de que otra sea más feliz. Y llegamos con esto a nuestro dilema. El defensor cristiano y el «científico» común (esto es, el naturalista) que defiende la vivisección deben tomar distintos rumbos.

El defensor cristiano, especialmente en países del orbe latino, es muy propenso a decir que tenemos el derecho a hacer lo que queramos con los animales porque «no tienen alma». ¿Qué se quiere decir con ello? Si se quiere decir que los animales no poseen conocimiento, ¿cómo podemos saberlo? Ciertamente se comportan como si lo tuvieran, por lo menos los animales más desarrollados. Yo, en particular, tengo la tendencia a pensar que son muy pocos los animales que tienen lo que nosotros identificaríamos como consciencia de sí mismos, pero esto es tan solo una opinión. A no ser que tengamos otras razones para considerar la vivisección como algo correcto, no debemos correr el riesgo moral de atormentarlos con la simple base de una opinión. Por otro lado, la afirmación respecto a que «no tienen alma» puede ser que signifique que no poseen responsabilidad moral alguna y que no son inmortales. Sin embargo, la ausencia del «alma» en ese sentido hace que el acto de infligir dolor en ellos sea más difícil de justificar. Porque entonces significaría que los animales no merecen recibir dolor, ni que ellos reciban algún beneficio moral por sufrir dolor, tampoco que serán recompensados con la felicidad en otra vida por haber sufrido todo ese dolor. Por tanto, todos los factores que vuelven el dolor más tolerable o disminuyen el grado total de maldad en el caso de los seres humanos pierden su valor en las bestias. La condición de «no tener alma», en tanto que es pertinente a nuestra pregunta, si es que lo es, sirve de argumento en contra de la vivisección.

El único argumento moral para el cristiano viviseccionista es decir que la superioridad del ser humano por sobre las bestias es un hecho real y objetivo, cuya razón se encuentra en la revelación, y que justificar el sacrificio de las bestias es una consecuencia lógica. Nosotros valemos «más que muchos pajarillos»,[1] y cuando lo decimos no estamos expresando algo que preferimos para nuestra propia especie sencillamente por ser nuestra, sino porque nos sujetamos al orden que Dios ha creado y que rige el universo, tanto si la gente lo reconoce como si no. La postura quizá no sea satisfactoria. Quizá no logremos ver cómo una Deidad benevolente podría desear que lleguemos a esta conclusión a partir del orden jerárquico que Él ha creado. Quizá descubramos lo difícil que es desarrollar un derecho humano que nos permita atormentar a las bestias en términos que recíprocamente no impliquen el derecho angelical a atormentar al ser humano. Y quizá sintamos que, si bien la superioridad objetiva es algo que con todo derecho le pertenece al ser humano, esa misma superioridad debería *consistir* en parte en no comportarse como un viviseccionista; que deberíamos demostrar que somos mejores que las bestias precisamente por el hecho de que reconocemos que tenemos obligaciones hacia ellos y que ellos no las tienen hacia

---

1. Mateo 10:31.

nosotros. Sin embargo, en todas estas preguntas, se puede llegar a tener muchas opiniones sinceras. Si sobre la base de nuestra superioridad real y divinamente decretada, un médico cristiano especialista en patología llegase a la conclusión de que es correcto realizar vivisecciones, y las llegase a realizar con muchísimo esmero y cuidado evitando el más mínimo dolor innecesario, con un temor reverencial por la gran responsabilidad que ha asumido y con un sentido realista del supremo llamado bajo el cual el ser humano debe vivir si es que desea justificar los sacrificios que se han hecho por él, entonces (ya sea que estemos de acuerdo o no) debemos respetar su punto de vista.

Pero, claro, la gran mayoría de viviseccionistas no tiene este trasfondo teológico. La gran mayoría de ellos es naturalista y darwinista. Aquí, con toda seguridad, nos topamos con un hecho muy alarmante. Los mismos que con desprecio descartan toda consideración respecto al sufrimiento de los animales si esta entorpece las «investigaciones» también negarán vehementemente, en otro contexto, cualquier diferencia radical entre el ser humano y los demás animales. Según la visión naturalista, las bestias se ubican al fondo de una misma *clasificación* en la que nos encontramos nosotros. El ser humano es sencillamente el más inteligente de todos los antropoides. Por tanto, toda la base desde la que el cristiano pretende defender la vivisección queda cortada de raíz. Sacrificamos otras especies en beneficio de la nuestra no porque la nuestra tenga algún privilegio y propósito metafísico sobre las demás, sino sencillamente porque es nuestra especie. Quizá sea natural que tengamos esta lealtad a nuestra especie, pero dejemos de prestar atención al naturalista cuando habla del «sentimentalismo» de los que se oponen a la vivisección. Si la lealtad a nuestra propia especie, es decir, preferir al ser humano solo porque es ser humano, no es algo sentimental, ¿entonces qué es? Quizá sea un buen sentimiento o uno malo. Pero ciertamente se trata de un sentimiento. ¡Tratemos de formular el argumento basándonos en la lógica y veremos lo que sucede!

Pero lo más siniestro de la vivisección moderna es esto: si un simple sentimiento justifica la crueldad, ¿por qué detenernos en un solo sentimiento respecto a toda la raza humana? También existe un sentimiento por el hombre blanco en contra del hombre negro, por la *Herrenvolk* (la raza superior) contra los que no son arios, por los «civilizados» y los «progresistas» contra los «salvajes» o «atrasados». Finalmente, por nuestro propio país, partido político o clase social contra los demás. Una vez que la vieja noción cristiana respecto a la diferencia entre el ser humano y la bestia haya sido descartada del todo, no habrá ningún argumento a favor de los experimentos con animales que no sea distinto al argumento a favor de experimentos con seres humanos inferiores. Si desmembramos bestias sencillamente porque no tienen la capacidad de defenderse de nosotros y porque lo hacemos para defender nuestra propia existencia, el siguiente paso lógico sería desmembrar discapacitados, criminales, enemigos o capitalistas por las mismas razones. Ciertamente, los experimentos en otros seres humanos ya han empezado. Nos hemos enterado de que los científicos nazis ya los han estado realizando. Sospechamos que nuestros propios científicos pronto lo harán, en secreto, en cualquier momento.

Lo alarmante del caso es que los viviseccionistas han ganado la primera ronda. Durante los siglos XVIII y XIX a nadie se le tildaba de excéntrico o loco si protestaba contra la vivisección. Lewis Carroll llegó a protestar, si recuerdo su famosa carta con precisión, basándose en los mismos argumentos que yo he utilizado.[2] El doctor Johnson —un hombre cuya mente tenía tanto *hierro* como la de cualquiera— protestó en una nota sobre la obra shakespeariana *Cimbelino*, la cual merece ser citada en pleno. En el acto I, escena v, la Reina le explica al doctor que quiere que se experimente con veneno en «aquellas criaturas

---

2. «Vivisection as a Sign of the Times», *The Works of Lewis Carroll*, ed. Roger Lancelyn Green (Londres, 1965), pp. 1089-1092. Ver también «Some Popular Fallacies about Vivisection», *ibid.*, pp. 1092-1100.

que consideramos que no merecen ser ahorcadas, pero no en seres humanos».[3] El doctor replica:

> Con esta práctica, Vuestra Alteza no hará más que endurecerse el corazón.[4]

Johnson comenta: «Es probable que aquel pensamiento hubiese sido intensificado si nuestro autor hubiera llegado a ver los experimentos que ha publicado en tiempos recientes una raza de hombres que han llevado a cabo torturas sin pena alguna y las han descrito sin ninguna vergüenza, y que sin embargo se ha erigido con soberbia por sobre los seres humanos».[5]

Son sus palabras, no las mías, y francamente en estos tiempos no nos atreveríamos a usar tan tranquilos este severo lenguaje. Y no nos atreveríamos porque el otro lado ha ganado. Y si bien la crueldad incluso contra las bestias es un asunto importante, la victoria del bando opuesto es síntoma de cuestiones mucho más importantes. La victoria de la vivisección señala un gran avance en la marcha triunfal del utilitarismo despiadado y amoral contra el viejo mundo de la ley moral; triunfo en el que nosotros, así como los animales, somos ya víctimas y cuyos más recientes logros se muestran en Dachau e Hiroshima. Al justificar la crueldad contra los animales, nos hemos colocado a la altura de los animales. Hemos elegido la jungla y debemos ceñirnos a nuestra elección.

Notarás que no he dedicado ni un segundo a discutir lo que realmente sucede en los laboratorios. Por supuesto, esperamos que se nos diga, contra todo pronóstico, que hay muy poca crueldad. Se trata de una cuestión de la que al presente no tengo nada que decir. Debemos primero decidir qué debe estar permitido: luego de ello, es obligación de la policía descubrir lo que ya se haya cometido.

---

3. Shakespeare, *Cimbelino*, I, v, 19-20.
4. Ibid., 23.
5. *Johnson on Shakespeare: Essays and Notes Selected and Set Forth with an Introduction* por *sir* Walter Raleigh (Londres, 1908), p. 181.

12. Traducciones modernas de la Biblia

(1947)

Es posible que el lector que abra este libro[1] en el mostrador de alguna librería se pregunte por qué necesitamos una nueva traducción de alguna parte de la Biblia y, de ser así, por qué tiene que ser de las Epístolas. Quizá diga: «¿Acaso no tenemos ya en la Versión Autorizada la más hermosa traducción que cualquier idioma haya visto?». Algunos que conozco irían al extremo de sentir que cualquier traducción moderna no solo no es necesaria, sino que es repudiable. No pueden soportar ver algún cambio en esas palabras de larga tradición; les parece irreverente.

Para tales personas, tenemos varias respuestas. En primer lugar, la clase de objeción que ellas sienten contra una nueva traducción es muy parecida a las objeciones que en otro tiempo surgieron contra todas las traducciones al inglés. Muchas personas piadosas y sinceras sentían en el siglo XVI escalofríos frente a la idea de transformar la añeja versión latina de la Vulgata al idioma común y (según creían) «bárbaro» inglés. Les parecía que una verdad sagrada perdería su carácter sagrado cuando desapareciese ese latín polisilábico que durante siglos se escuchaba en la misa y en las horas canónicas, y se sustituyese por «un lenguaje como el que usan los hombres», impregnado de los lugares comunes y corrientes como el vivero, la posada, el establo y la calle. La respuesta en aquel tiempo era la misma que la del día de hoy. La única clase

---

1. Este ensayo fue publicado originalmente como una introducción a la obra de J. B. Phillips, *Letters to Young Churches: A Translation of the New Testament Epistles* (Londres, 1947).

de santidad que la Escritura pudiera perder (o por lo menos el Nuevo Testamento) al modernizarse sería la circunstancial, y esa jamás la tuvo para sus primeros escritores o lectores. El Nuevo Testamento en su versión original en griego no es una obra de arte literario: no fue escrito con un lenguaje solemne y eclesiástico, más bien se escribió con un griego que se hablaba en todo el Mediterráneo oriental luego de que esta lengua se convirtiese en un idioma internacional y por tanto perdiera su belleza y sutileza. En él vemos un griego utilizado por personas que no sentían ninguna admiración por su léxico porque no era el idioma que habían hablado de niños. Era una especie de griego «básico»; un idioma que no había echado raíces, un lenguaje funcional, comercial y administrativo. ¿Nos asombra esto? No debería, o solo debería asombrarnos como lo hace la encarnación de Cristo. La misma humildad divina que decretó que Dios debía nacer y amamantarse de los pechos de una campesina y que luego como predicador itinerante sería arrestado por las autoridades romanas también decretó que este predicador debía ser predicado en un lenguaje del vulgo, prosaico y no refinado. Si puedes soportar lo primero, puedes soportar lo segundo. La encarnación es, en ese sentido, una doctrina irreverente: el cristianismo, en ese sentido, es una religión irreverente sin remedio. Cuando creemos que el cristianismo tuvo que haber llegado a este mundo con toda la belleza que ahora percibimos en la Versión Autorizada, erramos tanto como los judíos que esperaban la venida del Mesías como un gran monarca terrenal. La verdadera santidad, la verdadera belleza sublime del Nuevo Testamento (como la vida de Cristo) son de una clase distinta: a kilómetros de profundidad e *insondable*.

En segundo lugar, la Versión Autorizada ha dejado de ser una traducción buena y clara. Ya no contiene un inglés moderno: el significado de las palabras ha cambiado. El mismo encanto antiguo que la hizo tan «bella» (en el sentido superficial), tan «sagrada», tan «reconfortante» y tan «estimulante» la ha hecho también en muchos lugares incomprensible. Por ello, cuando san Pablo dice: «Porque, aunque la conciencia no me remuerde» traduce «Porque aunque de nada tengo mala conciencia».[2] Esto era una buena traducción (si bien bastante anticuada incluso en aquellos tiempos) en el siglo XVI: para el lector moderno puede significar nada o algo muy distinto a lo que san Pablo escribió. Lo cierto es que si queremos tener traducciones en todo momento, debemos volver a traducir con regularidad. No existe tal cosa como la traducción definitiva y final de un libro a otro idioma, porque los idiomas cambian. Si le compras ropa a tu hijo, sería inútil comprarle un traje una vez para siempre, porque con el tiempo le quedará chico y tendrá que comprarse ropa nueva.

Y finalmente, aunque parezca una amarga paradoja, debemos a veces distanciarnos de la Versión Autorizada, aun si no tuviéramos otras razones, sencillamente *por causa de* su belleza y solemnidad. La belleza exalta, pero también nos adormece. Las referencias primeras se hacen querer, pero también nos causan confusión. Por medio de aquella solemne belleza, las horrendas e impactantes realidades de las que nos habla el Libro nos llegan sin impacto y desarmadas, y quizá solamente nos produzcan algún suspiro de calma veneración cuando en realidad debiéramos arder de vergüenza o sentir el impacto del terror o sentir éxtasis por la arrebatadora esperanza y adoración. ¿Seguro que «flagelar» nos suena igual que «dar latigazos»?[3] ¿Seguro que «le escarnecían» suena igual que «se burlaban»?[4]

Por tanto, deberíamos dar la bienvenida a todas las traducciones nuevas (cuando fueren hechas por eruditos competentes); y, definitivamente, aquellos que se acerquen a la Biblia por primera vez no deberían empezar con la Versión Autorizada, salvo quizá con los libros históricos del Antiguo Testamento, donde sus arcaísmos encajan mejor con la narrativa tipo saga.

---

2. 1 Corintios 4:4.
3. Juan 19:1.
4. Mateo 27:29; Marcos 15:20; Lucas 22:63; 23:36.

Entre las traducciones modernas al inglés, en particular las del doctor Moffatt[5] y de monseñor Knox[6] me parecen buenas. El presente libro se concentra en las Epístolas y ofrece más información para el principiante: su enfoque es distinto. Las introducciones preliminares a cada carta serán muy útiles y el lector que aún no haya leído las Epístolas se beneficiará grandemente leyendo las introducciones antes de dedicarse al texto bíblico. Me hubiese ahorrado un gran esfuerzo si hubiese tenido este libro en mis manos cuando empecé a descubrir en qué consistía el cristianismo.

Porque quien quiera descubrir el cristianismo debe leer las Epístolas. Y, nos guste o no, san Pablo escribió la mayoría de ellas. Él es el autor cristiano que nadie puede obviar.

Hay un error increíble que ha dominado la mente moderna con respecto a san Pablo. Esta idea errada dice así: Jesús predicó una religión simple y llena de bondad (que se encuentra en los Evangelios) y luego san Pablo la corrompió y la volvió una religión cruel y complicada (que se encuentra en las Epístolas). Esto es del todo insostenible. Todas las citas más terroríficas provienen de la boca de nuestro Señor; todas las citas sobre las que basamos nuestras esperanzas de salvación para todos los hombres provienen de san Pablo. Si se pudiese demostrar que san Pablo modificó de alguna manera las enseñanzas de su Maestro, diríamos que las modificó en la dirección contraria a lo que popularmente se cree. Sin embargo, no existen pruebas reales de una doctrina prepaulina que sea distinta a la de san Pablo. Las Epístolas son, en su mayoría, los documentos cristianos más antiguos que tenemos a nuestro alcance. Los Evangelios aparecieron después. No son en sí «el evangelio», el contenido de

---

5. James Moffatt (1870-1944) publicó una traducción del Nuevo Testamento en 1913, y del Antiguo Testamento en 1924. Luego, publicó una versión revisada de toda la Biblia en 1935.
6. Ronald A. Knox (1888-1957) publicó una traducción del Nuevo Testamento en 1945, y del Antiguo Testamento en 1949.

la fe cristiana. Fueron escritos para aquellos que ya se habían convertido, que ya habían recibido «el evangelio» (las buenas nuevas de salvación). No incluyen muchos aspectos «complicados» (es decir, la teología) porque sus lectores fueron creyentes que ya habían sido formados en la fe. En este sentido, las Epístolas son más rudimentarias y más fundamentales que los Evangelios (por supuesto, sin excluir los grandes eventos que narran los Evangelios). Las obras de Dios (la encarnación, la crucifixión y la resurrección) se ubican primero; el primerísimo análisis teológico de estos eventos se encuentra en las Epístolas; luego, cuando la generación que conoció al Señor empezó a desaparecer, se redactaron los Evangelios para ofrecer a los creyentes un registro de las grandes obras y algunos de los dichos del Señor. El equivocado concepto popular lo ha puesto todo de cabeza. Y la razón de ello no está muy lejos para que la descubramos. En las primeras etapas de cada rebelión hay un momento en el que aún no se decide atacar en persona al rey. Se dice: «El rey está bien. Son sus ministros los que están equivocados. Estos manipulan al rey y corrompen todos sus planes, que seguro que serían muy buenos si tan solo sus ministros permitiesen su implementación». Entonces, la primera victoria consiste en decapitar a unos cuantos ministros; y más tarde se decapitará al propio rey. De la misma manera, el ataque que se llevó a cabo contra san Pablo en el siglo XIX fue tan solo un preparativo de la revuelta contra Cristo. Sus opositores aún no tenían preparados grandes ejércitos para atacar al propio Cristo. Lo que hicieron fue la primera jugada normal: atacar a uno de sus principales ministros. Por tanto, todo lo que aborrecían del cristianismo se lo atribuyeron a san Pablo. Por desgracia para ellos, su argumento no impresionaría a nadie que realmente hubiera leído y entendido los Evangelios y las Epístolas; pero, al parecer, son muy pocos los que lo han hecho, así que en su primer ataque obtuvieron una victoria. San Pablo fue hallado culpable y desterrado, y el mundo prosiguió al siguiente paso: atacar al propio Rey.

Pero para aquellos que deseen saber lo que san Pablo y sus demás compañeros realmente enseñaban, este libro les será de mucha ayuda.

13.   Reflexiones
(1948)

A primera vista nada parece más obvio que una persona religiosa tenga el deber de atender a los enfermos; ningún edi-
ficio, excepto quizá una iglesia, lleva con más razón el cali-
ficativo «cristiano» que un hospital cristiano. Sin embargo,
si profundizamos en nuestro análisis, este asunto está realmente conectado con la eterna paradoja, el bendito carácter
de doble filo del cristianismo. Supongamos que cualquiera de
nosotros se encontrase con el cristianismo por primera vez:
seguro que estaría claramente consciente de esta paradoja.

Supongamos, además, que esta persona empezó observando las actividades cristianas que, en cierto sentido, se dirigen a este mundo presente. Descubriría que esta religión había sido, como un simple hecho histórico, el agente que logró
preservar tal civilización secular cuando sobrevivió a la caída
del Imperio romano; y que Europa le debe la preservación, en
aquellos peligrosos tiempos, de la agricultura, la arquitectura,
el derecho y la propia alfabetización. Encontraría que esta
misma religión siempre se ha dedicado a sanar a los enfermos y cuidar de los pobres; que posee, más que cualquier otra,
el sagrado matrimonio; y que las artes y la filosofía tienden
a florecer en su entorno. En resumidas cuentas, se encuentra
siempre haciendo algo o, por lo menos, arrepintiéndose con
remordimiento de no haber podido hacer todo lo que el humanitarismo secular disfruta haciendo. Si nuestro investigador se detuviese a estas alturas, no tendría ninguna dificultad
en clasificar el cristianismo y otorgarle su lugar adecuado en
el mapa de las «grandes religiones». Obviamente, diría él, se
trata de una de las religiones que sostienen el mundo, como el

confucionismo o las religiones agrícolas de las grandes ciudades estado de Mesopotamia.

¿Pero qué sucedería si nuestro investigador empezara (cosa que probablemente haría) con una serie muy distinta de sucesos cristianos? Quizá llegue a darse cuenta de que la imagen central de todo arte cristiano es la de un hombre que agoniza por haber sido torturado; que el instrumento de su tortura fue ese mundialmente conocido símbolo de la fe; que el martirio fue un acto casi específicamente cristiano; que nuestro calendario tenía tantos ayunos como fiestas; que meditamos constantemente en la muerte no solo de nosotros mismos, sino también de todo el universo; que se nos dio el mandato de confiar en nuestros tesoros de otro mundo; y que incluso a veces se consideraba como una virtud cristiana cierto desdén por todo el orden natural *(contemptus mundi)*. Pues, una vez más, si el investigador no hubiera sabido nada más, habría descubierto que el cristianismo es muy fácil de clasificar; pero esta vez lo habría clasificado como una religión que se opone al mundo. Habría sido encasillado junto con el budismo.

Cualquiera de las conclusiones habría sido justificada si aquel hombre hubiese tenido a mano una mitad de la evidencia o la otra mitad. Luego se daría cuenta de que, si hubiese puesto las dos mitades juntas, habría visto que el cristianismo trasciende la clasificación que el investigador intentó obtener; entonces, en ese momento se dará cuenta del reto que tiene por delante y, creo yo, quedará perplejo.

Es probable que la mayoría de los que leen estas páginas sean cristianos de toda la vida. Si es así, descubrirán que es difícil identificarse con la perplejidad del personaje descrito anteriormente. Para los cristianos, la explicación de este carácter de dos filos respecto a la fe es obvio. Viven en un universo estratificado y jerarquizado, donde todo tiene su lugar y todos deben permanecer en su lugar correcto. Lo sobrenatural es superior a lo natural, pero cada uno de ellos ocupa su lugar, así como el hombre es superior a los perros, pero los perros tienen su lugar. Por tanto, no nos sorprende en lo absoluto que sanar a los enfermos y ayudar a los pobres deba ser menos importante que la salvación de las almas (cuando, como a veces ocurre, la ayuda y la sanidad son una alternativa a la salvación); sin embargo, la sanidad y la ayuda son asuntos muy importantes. La razón de ello es que Dios creó el orden natural —producto de su inventiva, su amor y arte— y nos exige nuestro respeto; el hecho de que seamos tan solo criaturas y no el Creador es, desde otro punto de vista, algo irrelevante. Además, dado que la naturaleza, y en especial la naturaleza humana, es pecaminosa, debe ser corregida y el mal que habita en ella debe ser combatido. Sin embargo, su esencia es buena; la corrección es a veces algo muy distinto del rechazo maniqueo o la superioridad estoica. Por eso en todo verdadero ascetismo cristiano hay respeto por aquello que se rechaza; algo que, creo yo, no se encuentra en los ascetismos paganos. El matrimonio es algo bueno, aunque no para mí; el vino es bueno, si bien no debo beberlo; las fiestas son buenas, pero hoy ayunamos.

Pienso que descubriremos que, por lógica, esta predisposición se basa en las doctrinas de la creación y la caída. En el paganismo se puede encontrar unos esbozos muy difusos de la doctrina de la caída, pero nos sorprende descubrir que fuera del cristianismo es muy raro encontrar una genuina doctrina de la creación. Dudo que algún día la encontremos. En el politeísmo, los dioses son por lo general producto de un universo ya existente. En el poema de John Keats, *Hyperion* es en espíritu, si no en detalle, una descripción lo suficientemente detallada de una teogonía pagana. En el panteísmo, el universo jamás es algo que Dios creó. Es una emanación, algo que se proyecta fuera de Él o una apariencia, algo que nos parece que Él es, pero que en realidad no lo es; o incluso que se trata de un cuadro de esquizofrenia incurable del que Él no está consciente. El politeísmo es, a la larga, la adoración de la naturaleza; el panteísmo será siempre, y a la larga, hostil a la naturaleza. Ninguna de estas creencias te dará realmente la libertad de disfrutar tu desayuno y de mortificar tus desordenados apetitos, y mucho menos de mortificar aquellos apetitos o deseos que al presente se considera que son inocentes, excepto si se convierten en excesivos.

Y ninguna de ellas le otorga la libertad a cualquiera para hacer lo que se hace en el Hospital de Lourdes en Drogheda, Irlanda: luchar contra la muerte de la manera más ferviente, hábil y serena como si fueras un trabajador humanitario secular, aunque sepas todo el tiempo que la muerte es, para bien o para mal, algo que los humanitarios seculares jamás se han imaginado. El mundo, sabiendo que todas nuestras verdaderas inversiones están más allá de la tumba, podría esperar que estuviéramos menos preocupados que otros, que se inclinan por el denominado Pensamiento Superior y nos dicen que «la muerte no importa»; pero nosotros «no somos altivos», y seguimos a Aquel que se paró y lloró ante la tumba de Lázaro; seguramente no porque le doliera el llanto de María y Marta, ni porque le entristeciera su falta de fe (aunque algunos lo interpretan así), sino porque la muerte, el castigo del pecado, es aún más horrible a sus ojos que a los nuestros. La naturaleza que Él había creado como Dios, la naturaleza que había asumido como hombre, yacía allí ante Él en su ignominia; un olor fétido, alimento para los gusanos. Aunque iba a darle vida un momento después, lloró ante la vergüenza; si se me permite citar aquí a un escritor de mi confesión: «No tengo tanto miedo a la muerte como vergüenza de ella».[1] Y eso nos lleva de nuevo a la paradoja. De todos los hombres, somos los que más esperamos de la muerte; sin embargo, nada nos reconcilia con, bueno, su carácter *antinatural*. Sabemos que no fuimos hechos para ella; sabemos cómo se introdujo en nuestro destino como una intrusa; y sabemos Quién la ha vencido. Porque nuestro Señor ha resucitado, sabemos que en cierto nivel es un enemigo ya desarmado; pero como sabemos que el nivel natural también es creación de Dios, no podemos dejar de luchar contra la muerte que lo estropea, como contra todas esas otras manchas que hay en ella, contra el dolor y la pobreza, la barbarie y la ignorancia. Dado que amamos algo más que este mundo, amamos incluso este mundo mejor que aquellos que no conocen otro.

---

1. La cita es de la obra de *sir* Thomas Browne, *Religio Medici*, primera parte, sección 40.

14. La teoría humanitaria respecto al castigo
(1949)

En Inglaterra hemos tenido recientemente una polémica en torno a la pena capital. No me es posible saber si un asesino convicto tendrá más probabilidades de arrepentirse y enmendar su vida unas cuantas semanas antes de entrar al patíbulo o en la enfermería de la cárcel unos treinta años después. No sé si el temor a la muerte sea un elemento disuasorio indispensable. Son preguntas que prefiero dejar sin respuesta. Mi tema de conversación no es la pena capital en particular, sino la teoría del castigo en general, cuya polémica se ha mostrado como algo universal entre mis colegas de mi país. Pudiera llamársela la teoría humanitaria. Los que la auspician piensan que es clemente y misericordiosa. Respecto a esto, estoy convencido de que están en un serio error. Creo que esa «humanidad» que se afirma es una peligrosa ilusión, la cual oculta la posibilidad de ser infinitamente crueles e injustos. Mi ruego es que se retorne a la teoría tradicional o retributiva no solo por el interés de la sociedad, ni siquiera como prioridad, sino por el interés del criminal.

Según la teoría humanitaria, castigar a un hombre porque se lo merece, y por más que se lo merezca, constituye una simple venganza y, por tanto, es un acto de barbarie e inmoral. Se afirma que la única razón legítima para el castigo sería el deseo de disuadir a los demás por medio del castigo ejemplar o con el fin de corregir al criminal. Cuando se combina esta teoría, como sucede a menudo, con la noción de que todo crimen es más o menos patológico, la idea de corregir se reduce a sanar o curar y entonces el castigo se convierte en algo terapéutico. Así se da la impresión a primera vista de que hemos superado la noción burda y santurrona de darle al malvado su merecido por medio de esos caritativos e iluminados que atenderán a los que estén psicológicamente enfermos. ¿Habrá algo más amigable que esto? Sin embargo, hay un insignificante punto que se da por sentado en esta teoría y que todos deben conocer: lo que se le haga al criminal, incluso si se dice que son tratamientos, será tan obligatorio como lo fue en los días en que lo llamábamos castigo. Si la tendencia a robar pudiera curarse con psicoterapia, no cabe la menor duda de que se forzaría al ladrón a someterse al tratamiento. De otra manera, la sociedad no podría seguir en marcha.

Mi argumento es que esta doctrina, por más misericordiosa que aparente ser, realmente significa que cada uno de nosotros, desde el momento en que violemos la ley, sufriremos la privación de nuestros derechos humanos.

La razón es la siguiente. La teoría humanitaria le quita al castigo su aspecto de merecer algo. Pero el concepto del merecimiento es el único eslabón que conecta el castigo y la justicia. Solo una sentencia que se merezca o no se merezca puede llegar a ser justa o injusta. No estoy alegando aquí que la pregunta «¿Se lo merece?» sea la única que con toda razón podamos plantearnos en torno al castigo. Es muy correcto que nos preguntemos si ese castigo disuadirá a los demás y corregirá al criminal. Pero ninguna de estas dos preguntas anteriores tiene que ver con la justicia. No tiene sentido hablar de una «disuasión justa» o una «corrección justa». Exigimos el uso de la disuasión no porque sea justa, sino porque queremos realmente que disuada. Lo mismo sucede con la corrección, queremos saber si realmente corrige. Por tanto, cuando dejamos de considerar lo que el criminal se merece y nos concentramos en lo que lo corregirá o que disuadirá a los demás, de manera tácita hemos quitado totalmente al criminal de la esfera de la justicia; y en vez de ser una persona, que posee derechos humanos, tenemos ahora un objeto, un paciente, un «caso».

La diferencia se hará más evidente cuando preguntemos quién será apto para determinar las sentencias cuando estas hayan dejado de derivarse a partir de lo que se merezca el criminal. Bajo el antiguo sistema, el problema de determinar la sentencia adecuada era un problema moral. Por consiguiente, el juez que tomaba la decisión era alguien competente en jurisprudencia, que había sido capacitado en una ciencia que trata con derechos y obligaciones y que, por lo menos en principio, aceptaba de manera consciente la guía de la ley natural y la Escritura. Debemos reconocer que en el presente Código Penal de la gran mayoría de países casi siempre se modifican estos originales por las costumbres locales, los intereses de las clases sociales y las concesiones utilitaristas a tal grado que casi no se los puede identificar. Pero el código nunca estuvo en principio, y no siempre de hecho, más allá del control de la consciencia de la sociedad. Y cuando el castigo (digamos, en la Inglaterra del siglo XVIII) entró en conflicto violento con el sentido moral de la comunidad, los jurados se negaron a emitir fallos y finalmente fue posible reformar el sistema. Ello fue así porque, siempre y cuando pensemos en términos de lo que se merece, cuestionarse lo adecuado y lo moral del código penal era cuestionarse algo que todo ser humano tiene derecho a hacerlo y a manifestar su opinión al respecto, no porque tenga esta o aquella profesión, sino porque sencillamente es un ser humano, un ser racional que posee la Luz Natural. Pero todo ello cambia cuando descartamos la noción del merecimiento. Las dos únicas preguntas que nos quedarían para responder en torno al castigo giran en torno a la disuasión y la corrección. Pero estas no son preguntas sobre las que cualquiera tenga el derecho a opinar solo por ser humano. No tiene el derecho a opinar incluso si, además de ser humano, es también un jurista, un cristiano y un teólogo moralista. Porque no se trata de preguntas acerca de principios, sino de hechos reales; y para ello, *cuiquam in sua arte credendum.*[1] Solamente el experto «penalista» (que lo incivilizado siga teniendo nombres incivilizados), según el precedente de experiencias anteriores, nos podrá decir

---

1. «Debemos creer en la habilidad o pericia de cada uno».

en qué consiste la disuasión; solamente el psicoterapeuta nos podrá decir en qué consiste la corrección. Sería en vano, para el resto de nosotros que hablamos como simples seres humanos, decir: «Pero este castigo es horrendamente injusto y desmedido para lo que se merece el criminal». Con una lógica perfecta, los expertos nos responderían: «Pero nadie ha mencionado lo que el criminal se merece. Nadie se ha referido al *castigo* según el uso que le has dado al sentido arcaico y vengativo del término. Aquí te presentamos las estadísticas que demuestran que este tratamiento logra disuadir. Aquí están las estadísticas que demuestran que este otro tratamiento logra corregir. ¿De qué te preocupas?».

Entonces, la teoría humanitaria quita los fallos de las manos de los juristas, a los que la consciencia pública tiene el derecho a criticar, y los coloca en las manos de los expertos cuyas ciencias especializadas ni siquiera utilizan las categorías del derecho o de la justicia. Se podría argumentar que, dado que esta transferencia es el resultado de haber abandonado la vieja idea del castigo y, por tanto, todas sus motivaciones vengativas, sería adecuado y seguro dejar a los criminales en manos de los expertos. No me detendré a comentar esa visión ingenua de la naturaleza humana caída que tal postura nos da a entender. Más bien, recordemos que la «cura» de los criminales es obligatoria; y entonces veamos cómo esta teoría funciona en la realidad y en la mente de los humanitarios. El punto de inicio intuitivo de este artículo fue una carta que leí en una de nuestras revistas izquierdistas semanales. El autor rogaba que cierto pecado, que ahora las leyes lo tratan como un crimen, debería de ahora en adelante ser tratado como una enfermedad. Y se quejaba de que, bajo el presente sistema, al ofensor, luego de haber pasado un tiempo en la cárcel, sencillamente se le dejaba en libertad para que luego regresase a su entorno original, donde probablemente volvería al crimen. De lo que se quejaba no era de que hubieran dejado en libertad al criminal. Según su visión del castigo y su cura, obviamente el ofensor debía permanecer detenido hasta que lograse corregirse. Y, claro, los corregidores oficiales son los únicos que determinarán cuándo sucederá eso. Por tanto, el primer resultado de la teoría humanitaria es sustituir una sentencia clara y definida (que refleja hasta cierto grado el juicio moral de la comunidad en el demérito) por una sentencia indefinida que solamente puede llegar a su fin por medio de la palabra de los expertos —que no lo son en teología moral, ni siquiera en la ley natural— que la han aplicado. ¿Quién de nosotros, si estuviese en el banquillo de los acusados, no preferiría ser procesado por el viejo sistema?

Se podría alegar que, debido al constante uso de la palabra «castigo» y el verbo «infligir», estoy tergiversando a los humanitarios. Que no castigan ni infligen nada, solo curan. Pero no nos dejemos engañar por palabras. Que yo sea sacado de mi hogar y alejado de mis amigos; que pierda mi libertad; que sufra todas aquellas agresiones a mi personalidad, las que la psicoterapia moderna sabe usar muy bien; que se me corrija siguiendo un patrón de «normalidad» incubado en algún laboratorio de Viena con el cual jamás tuve relación alguna; que sepa que este proceso jamás terminará hasta que mis captores terminen conmigo o hasta que yo descubra cómo engañarlos para que crean que han tenido éxito... ¿a quién le importa que a esto se le llame castigo o no? Es obvio que incluye la mayoría de los componentes por los que se teme al castigo: vergüenza, exilio, sometimiento y «los años que comió la langosta». Solamente podría justificarlo un tremendo demérito; pero el demérito es precisamente la idea que los humanitarios han descartado.

Si de lo curativo o correctivo nos volvemos a lo disuasivo para justificar el castigo, descubriremos que la nueva teoría es aún más alarmante. Cuando se castiga a un hombre *in terrorem*,[2] y se le usa como «castigo ejemplar» para los demás, ciertamente se le está usando como un medio para justificar un fin, el fin de alguien distinto. Esto, en sí mismo, constituiría

---

2. Frase latina común a la jurisprudencia anglosajona, que significa «causar terror» o «amenazar».

un acto muy malvado. Respecto a la teoría clásica sobre el castigo, era claro que se justificaba sobre la base de que la persona merecía dicho castigo. Ello se daba por sentado antes de que surgiera cualquier pregunta en torno a «castigarlo para que todos aprendan». Entonces, como reza el dicho, se mataban dos pájaros con un tiro; en el proceso de darle al acusado lo que se merece, se dejaba también un ejemplo para los demás. Pero si quitamos el elemento del merecimiento, toda la justificación moral del castigo desaparece. ¿Por qué tengo yo, por el nombre de Dios, que ser sacrificado de esta manera para beneficio de toda la sociedad? Salvo, claro está, que lo merezca.

Pero no hemos alcanzado lo peor. Si la justificación del castigo ejemplar no debe basarse en el merecimiento, sino solamente en su eficacia como disuasión, no será absolutamente necesario que el hombre que reciba el castigo haya cometido ni siquiera algún crimen. El efecto disuasivo exige que el público deduzca la lección moral: «Si cometemos tal acto sufriremos como aquel hombre». El castigo de un hombre que es en realidad culpable pero que la opinión pública cree que es inocente no tendrá el mismo efecto deseado; el castigo de un hombre que en realidad es inocente, pero que la opinión pública cree que es culpable, logrará el efecto deseado. Todo Estado moderno tiene el poder de llevar a cabo con facilidad una farsa de juicio. Cuando se necesita urgentemente una víctima para usarla como castigo ejemplar y no es posible conseguir víctimas, todos los propósitos para lograr la disuasión podrán lograrse castigando (si quieren, pueden llamarlo «cura») a una víctima inocente, si es que damos por sentado que se ha engañado al público para que crea que la víctima es culpable. De nada sirve que se me pregunte por qué doy por sentado que nuestros gobernantes serían tan perversos. Castigar a un inocente, esto es, a alguien que no se lo merece, es perverso solamente si le damos crédito a la postura tradicional que afirma que un castigo justo significa un castigo que se merece. Una vez que hayamos abandonado este criterio, todo castigo debe ser justificado, si acaso, por otras razones que no tienen nada que ver con el merecimiento. Cuando el castigo del inocente llega a ser justificado por esas razones (y en algunos casos podría justificarse como un disuasivo) sería igual de moral que cualquier otro castigo. Cualquier aversión o rechazo de parte del humanitario sería tan solo una resaca de la teoría de la justicia retributiva.

Desde luego, es importante darnos cuenta de que mi argumento hasta el momento no presupone ninguna intención malévola de parte del humanitario y considera solamente lo que juega en la lógica de su postura. Mi argumento afirma que los buenos hombres (no los malos) que pongan en práctica esta postura terminarán obrando tan cruel e injustamente como los más grandes tiranos. En ciertos aspectos quizá es probable que actúen incluso peor que ellos. De entre todas las tiranías, la que se lleva a cabo con sinceridad por el bien de sus víctimas quizá sea la más opresiva. Quizá sea mejor vivir entre barones ladrones que bajo omnipotentes entrometidos moralistas. La crueldad de los barones ladrones quizá por momentos se tome un descanso, su codicia quizá llegue a saciarse por un tiempo; pero aquellos que nos atormentan porque lo hacen para nuestro propio bien lo seguirán haciendo sin fin porque lo hacen con la venia de sus propias conciencias. Quizá sea más probable que vayan al cielo y que al mismo tiempo hagan de esta tierra un infierno. Su mismísima bondad nos aguijonea con un insulto intolerable: ser «curado» de la voluntad de uno mismo y de condiciones que no consideramos que sean enfermedades es como colocarnos en el mismo nivel de aquellos que aún no han alcanzado la edad de razonar o de aquellos que jamás la alcanzarán, es decir, con niños pequeños, discapacitados psíquicos y animales domésticos. Pero ser castigados, a cualquier grado, porque lo merecemos, porque «debimos haberlo sabido», es ser tratados como una persona hecha a imagen de Dios.

Sin embargo, debemos encarar la posibilidad de llegar a tener malos gobernantes que utilicen la teoría humanitaria del castigo. Ha habido muchos grandes proyectos para una sociedad cristiana que han sido tan solo lo que los isabelinos denominaban «una idea ridícula» porque daban por sentado que toda la sociedad es cristiana o que los cristianos tienen el control de ella. Así no sucede en la mayoría de los Estados modernos. Incluso si así fuese, nuestros gobernantes aún seguirían siendo hombres falibles y, por tanto, ni sabios ni muy buenos. Y, según vemos, son por lo general incrédulos. Dado que la sabiduría o la virtud no constituyen las únicas o las más comunes calificaciones para ocupar un cargo en el gobierno, estos gobernantes ni siquiera serán los mejores incrédulos.

El problema práctico de la política cristiana no es el de formular planes para una sociedad cristiana, sino el de vivir lo más inocentemente posible con ciudadanos incrédulos bajo gobernantes incrédulos que jamás lograrán ser perfectamente sabios y buenos y que a veces serán muy perversos y necios. Y cuando sean perversos, la teoría humanitaria del castigo les pondrá a su disposición el instrumento de tiranía más fino que la perversidad jamás haya tenido. Porque, si se considera que el crimen y la enfermedad son la misma cosa, cualquier estado de ánimo que nuestros amos determinen que sea una «enfermedad» podría tratarse como un crimen y recibir una cura obligatoria. Sería en vano rogar que los estados anímicos que desagraden al gobierno no siempre conllevan un comportamiento inmoral y por tanto no siempre merecen la privación de la libertad, porque nuestros amos no recurrirán a los conceptos del merecimiento y el castigo, sino a los de enfermedad y curación. Sabemos ya que una escuela psicológica considera que la religión es una neurosis. Cuando esta neurosis en particular se vuelva incómoda para el gobierno, ¿qué evitará que el gobierno proceda a «curarla»? Por supuesto, dicha «cura» sería obligatoria; pero bajo los auspicios de la teoría humanitaria no se usaría el ofensivo apelativo de «persecución». Nadie nos encararía por ser cristianos, nadie nos odiaría, nadie nos despreciaría. El nuevo Nerón se acercaría a nosotros como si fuera un doctor con guantes de seda y, si bien todo sería de hecho obligatorio como la *tunica molesta* o

Smithfield o Tyburn, todo se llevaría a cabo dentro de la esfera terapéutica impávida en la que jamás se escucharían palabras como «correcto» y «equivocado» o «libertad» y «esclavitud». Por tanto, cuando se dé la orden, todo cristiano destacado del país desaparecerá de la noche a la mañana y será llevado a las instituciones para el tratamiento de los ideológicamente enfermos, y quedará en manos de los expertos carceleros decir cuándo (si acaso) volverán a salir. Pero no será una persecución. Incluso si el tratamiento llegase a ser doloroso, incluso si durase toda una vida, incluso si fuese fatal, se considerará un lamentable accidente; el motivo fue puramente terapéutico. En la práctica médica común, hay operaciones dolorosas y otras que son fatales; así mismo sucederá con el mencionado tratamiento. Pero, dado que se trata de un «tratamiento» y no un castigo, podrá ser criticado solamente por colegas expertos y según criterios técnicos, jamás por hombres en calidad de hombres y según criterios de justicia.

Por esta razón estoy convencido de que es fundamental que nos opongamos a la teoría humanitaria del castigo, a sus raíces y ramas, donde sea que la encontremos. Lleva al frente una careta de misericordia que es totalmente falsa. Es así como engaña a todo el que tiene buena voluntad. Quizá el error empezó con la declaración de Shelley, que dice que la diferencia entre la misericordia y la justicia fue inventada en la corte de los tiranos. Suena muy noble y fue ciertamente el error de una mente noble. Pero la diferencia es fundamental. La antigua postura afirmaba que la misericordia «atenúa» la justicia o (al nivel más elevado de todos) que la misericordia y la justicia se habían encontrado y besado. El acto fundamental de la misericordia era perdonar; y el perdón en su esencia más profunda implica que el ofensor reconozca su culpabilidad y su demérito. Si el crimen es tan solo una enfermedad que requiere ser curada, no un pecado que merece castigo, entonces no puede ser perdonado. ¿Cómo podemos perdonar a alguien que sufre de una periodontitis o de pie equinovaro? Pero la teoría humanitaria quiere simplemente abolir la justicia y sustituirla por la misericordia. Ello significa que uno empieza siendo «bonda-doso» con los demás antes de considerar sus derechos y luego les impone unas supuestas bondades que nadie excepto uno mismo reconoce como bondades y que el receptor siente como crueldades abominables. Se te ha pasado la mano. La miseri-cordia desconectada de la justicia se vuelve inmisericorde. En esto consiste esta importante paradoja. Así como hay plantas que florecen solamente en terreno montañoso, parece ser que la misericordia solamente florecerá cuando crezca en las grie-tas de la roca de la justicia. Si se la trasplanta a los pantanos del simple humanitarismo, se volverá una maleza devoradora de hombres, aún más peligrosa porque la seguirán llamando por el nombre de la variedad montañosa. Sin embargo, hemos debido aprender nuestra lección hace mucho tiempo. Nuestra vejez nos debe servir de ayuda para que evitemos que nos en-gañen esas pretensiones compasivas que han servido para dar lugar a toda la crueldad inimaginable del período revolucio-nario en el que vivimos. Estos son los «óleos excelentes» que terminarán «rompiéndonos la cabeza».[3]

Hay una cita muy adecuada en Bunyan: «Entonces se clavó en mi mente como con hierro de fuego el pensamiento de que, por más que me lisonjeaba, cuando me tuviese ya en su poder me vendería como esclavo».[4] También hay dos magníficos ver-sos en John Ball:

Tengan cuidado o sufran la calamidad
Sepan quién es amigo y quién enemigo.[5]

---

3. Expresión tomada de Salmos 141:5 (versión King James).
4. *El progreso del peregrino* (Nashville: Grupo Nelson, 2020), p. 118.
5. «John Ball's Letter to the Peasants of Essex, 1381», líneas 11-12, tomadas de *Fourteenth Century Verse and Prose*, ed. Kenneth Sisam (Oxford, 1921), p. 161.

PARTE II
Sobre el castigo:
una respuesta a su crítica,
por C. S. Lewis

Me siento obligado a agradecer al editor por esta oportunidad que me da de responder a dos muy interesantes críticas a mi artículo sobre la teoría humanitaria respecto al castigo, la primera de ellas por el profesor J. J. C. Smart[6] y la segunda por los doctores N. Morris y D. Buckle.[7]

El profesor Smart establece una diferencia entre preguntas de primer y de segundo orden: las de primer orden serían como la siguiente: «¿Debería devolver este libro?». Las de segundo orden: «¿Constituye una buena costumbre hacer promesas?». El profesor argumenta que estas dos preguntas de distinto orden hay que tratarlas con distintos métodos. La primera se puede responder por medio de la intuición (en el sentido que los filósofos moralistas a veces le atribuyen a dicha palabra). Somos capaces de «ver» de inmediato lo que es «correcto» porque el acto que se ha propuesto encaja en una regla. Pero las preguntas de segundo orden se pueden responder solamente según principios utilitaristas. Dado que «correcto» significa «que concuerda con las reglas», no tiene sentido preguntar si las propias reglas son «correctas»; tan solo podemos preguntar si son útiles o funcionales. Un razonamiento paralelo iría de esta forma: dando por sentada una ortografía fija, podríamos preguntar si una palabra se ha escrito correctamente, pero no podemos preguntar si el sistema ortográfico es correcto, tan solo podemos inquirir si es congruente o adecuado. O también, un formulario pudiera estar

---

6. «Comment: The Humanitarian Theory of Punishment», *Res Judicatae*, vol. VI (febrero 1954), pp. 368-371.
7. «Reply to C. S. Lewis», *Res Judicatae*, vol. VI (junio 1953), pp. 231-237.

gramáticamente correcto, pero la gramática de todo un lenguaje no puede estar correcta o incorrecta.

Obviamente, en este caso el profesor Smart le ha dado un tratamiento nuevo a una diferencia muy antigua. Todos los pensadores del pasado se dieron cuenta de que uno podía considerar o bien (a) que un acto era «justo» en el sentido de que se ceñía a alguna ley o costumbre, o bien (b) que alguna ley o costumbre era en sí misma «justa». Sin embargo, para los antiguos y los medievales la diferencia se encontraba entre (a) el derecho según la ley o la tradición, *nomo*, y (b) el derecho «simplemente como tal» o «por naturaleza», *haplos* o *physei*; o entre (a) el derecho positivo, y (b) la ley natural. Ambas preguntas giraban en torno a la justicia, pero se reconocía que había diferencia entre ellas. La novedad del sistema del profesor Smart consiste en restringir el concepto de justicia a solo las preguntas del primer orden.

Se argumenta que el nuevo sistema (I) evita una *petitio* inherente en cualquier apelación a la ley natural o a lo «simplemente» justo, porque «decir que esto es la ley natural constituye solamente decir que esto es la regla que adoptaremos»; y (2) elimina el subjetivismo dogmático, porque la noción del merecimiento en mi artículo podría tan solo ser «la preferencia personal de Lewis».

Sin embargo, no se me ha convencido de que el sistema del profesor Smart logre evitar estos inconvenientes.

Se deben aceptar aquellas reglas que son útiles para la comunidad, y la utilidad (creo yo) consiste en asuntos que harán que la comunidad sea más feliz.[8] ¿Significa esto que la felicidad de la comunidad se debe procurar *a todo costo* o solo se debe procurar siempre y cuando esta búsqueda sea congruente con cierto grado de misericordia, dignidad humana y veracidad? (No añadiré «justicia» porque, según la postura del profesor Smart, las reglas en sí mismas no pueden ser justas o injustas). Si tomamos la segunda alternativa, si admitimos que hay

---

8. Ver el penúltimo párrafo del artículo del profesor Smart.

algunas cosas o incluso una sola cosa que la comunidad no debería hacer sin importar cuánto más aumente su felicidad, entonces hemos desistido de dicha postura. Estamos juzgando lo útil basándonos en otras normas (ya sea que las llamemos conciencia o razón práctica o ley natural u opción personal). Pues supongamos que elegimos la primera alternativa: la felicidad de la comunidad se debe procurar a todo costo. En ciertas circunstancias, el costo podría ser muy gravoso. En la guerra, en un posible futuro en que escaseen los alimentos en el mundo, durante alguna amenaza de revolución, habrá quizá cosas muy alarmantes que podrían hacer más feliz a la comunidad o preservar su existencia. No podemos tener la seguridad de que las incriminaciones, las cacerías de brujas, incluso el canibalismo, no lleguen a considerarse «útiles». Supongamos (aunque estoy seguro de que no es así) que el profesor Smart está dispuesto a ir hasta las máximas consecuencias. Nos queda preguntarle por qué ha decidido eso y por qué cree que debemos estar de acuerdo con él. Él sería el menos indicado para responder que *salus populi suprema lex*[9] es la ley natural, en primer lugar, porque los demás sabemos que «el pueblo debe procurar su seguridad» no es la ley natural, sino tan solo una cláusula de dicha ley. Entonces, ¿en qué estaría basada la búsqueda de la felicidad de la comunidad a todo costo si no es en la opción personal del profesor Smart? La verdadera diferencia entre él y yo sería que sencillamente tenemos deseos distintos. O, más bien, que yo tengo un deseo más que él. Porque, así como él, deseo que mi país (y la raza humana)[10] siga existiendo y siendo feliz, pero también deseo que sean personas de cierta clase y que se comporten de cierta

---

9. Cicerón, *De legibus*, III, iii, 8. «La seguridad del pueblo es la ley suprema».
10. No estoy seguro de si para el profesor Smart la «comunidad» significa la nación o la raza humana. Si se refiere a la nación, tendremos problemas en torno a la moral internacional, frente a lo cual el profesor Smart tarde o temprano tendría que considerar la raza humana.

manera. El segundo deseo es el más intenso de los dos. Si no puedo lograr los dos deseos, preferiría que la raza humana que tuvo cierta cualidad en su vida, y que continuó por unos pocos siglos así, habiendo perdido su libertad, su amistad, su dignidad y su misericordia y habiendo aprendido a estar contenta sin estas características, logre seguir por millones de años. Si se trata tan solo de deseos, entonces no hay nada más de qué discutir. Muchos tienen los mismos sentimientos que yo, y muchos tienen sentimientos opuestos. Estoy convencido de que en nuestros tiempos se decidirá qué clase de ser humano será el que gane.

Y por esta razón, si se me permite decirlo sin ser descortés, tanto el profesor Smart como yo somos muy poco importantes comparados con los doctores Morris y Buckle. Nosotros somos catedráticos, ellos son criminólogos, abogado y psiquiatra respectivamente. Y la única razón por la que me he salido de mi especialidad para escribir en lo más mínimo acerca de la «penología» se debe a mi fuerte ansiedad por saber cuál lado de este inmensamente importante conflicto tendrá a la ley como aliada. Esto me lleva a revelar el único serio desacuerdo que tengo con mis dos críticos.

Hay otros desacuerdos, pero se deben mayormente a malentendidos de los que probablemente yo tenga la culpa. Por ello:

(1) Ciertamente hubo muy poco, si es que hubo algo, en mi artículo acerca de la protección de la comunidad. Me temo que di por hecho el asunto. Pero la diferencia en mi mente no habría sido entre los elementos «subsidiarios» y «vitales» del castigo, como supusieron mis críticos (Morris y Buckle, p. 232). Es como si se tomase una caja de cigarrillos del mostrador y se los colocase en el bolsillo de uno y, dependiendo de si se pagó por ellos o no, el primer caso sería «compra» y el segundo «hurto». Con ello no doy a entender que considero como «subsidiario» haber tomado el producto en el acto de compra. Lo que significa es que lo que lo legitima, lo que lo convierte si acaso en una compra, es haber pagado por ello.

Digo yo que el acto sexual es puro o impuro según el estado de los involucrados, si están casados entre sí o no lo están. Esto no significa que lo considero «subsidiario» al matrimonio, sino que lo que lo legitima, lo que lo convierte en un espécimen de conducta conyugal en lo absoluto, es el matrimonio. De la misma manera, estoy dispuesto a dar la importancia que uno quiera a la protección de la sociedad y a la «cura» del criminal en el castigo, pero solamente bajo una condición: que el acto inicial de interferir con la libertad del ser humano se justifique por razones de merecimiento. Así como el pago en una compra o el matrimonio con respecto al acto sexual, es esto y solamente esto lo que legitima nuestro proceso y lo convierte en un caso de castigo en vez de en un caso de tiranía, o quizá de guerra.

(2) Estoy de acuerdo con el asunto de los *niños* criminales (ver Morris y Buckle, p. 234). Se ha avanzado en este tema. Las sociedades muy primitivas pondrán a «juicio» y «castigarán» un hacha o una lanza en casos donde se haya cometido un homicidio accidental. El algún lugar (creo que en el Imperio) hacia finales de la Edad Media se enjuició a un cerdo con toda solemnidad por asesinato. Hasta hace muy poco, es probable (no recuerdo) que hayamos enjuiciado a niños como si fuesen adultos responsables. Esto ya ha sido correctamente abolido. Sin embargo, el meollo del asunto es si uno desea que todo el proceso prosiga: si se quiere que todos nosotros seamos al mismo tiempo privados de la protección y que se nos deslinde de las responsabilidades de ciudadanos adultos y que se nos reduzca al nivel de los niños, los cerdos y el hacha. Yo no deseo esto porque no creo que de hecho haya nadie que se presente al resto de nosotros como adulto a niño, hombre a bestia u objeto animado a inanimado.[11] Estoy convencido de que las leyes

---

11. Esta objeción es la misma que le haría a la teoría de la esclavitud que propuso Aristóteles (*Política* 1254A y siguientes). Todos podemos reconocer a los «esclavos naturales» (quizá yo sea uno de ellos), ¿pero dónde están los «amos naturales»?

que han impuesto una teoría del castigo sin el elemento del «merecimiento» en realidad serán dirigidas y administradas por personas como el resto de nosotros.

Pero el verdadero desacuerdo es el siguiente. Los doctores Morris y Buckle, plenamente conscientes de esa clase de peligros a los que yo les tengo pavor, y que ellos censuran igual que yo, creen que tenemos un resguardo. Creen que se halla en las cortes, en sus incorruptibles jueces, en sus excelentes procedimientos y en «los controles del derecho natural que la ley ha acumulado» (p. 233). Sí, si es que toda la tradición del derecho natural que la ley desde hace tanto tiempo ha ido incorporando logra sobrevivir el proceso de cambios en nuestra actitud hacia el castigo que ahora debatimos. Pero, para mí, precisamente en esto consiste la interrogante. Estoy de acuerdo en que nuestras cortes «según la tradición han representado al hombre común y la visión del hombre común respecto a la moral» (p. 233). También es cierto que tenemos la obligación de extender el término «hombre común» para que incluya a Locke, Grotius, Hooker, Poynet, Aquino, Justiniano, los estoicos y Aristóteles, y no tengo ninguna objeción respecto a ello; en cierto sentido, importante y glorioso, todos ellos fueron también hombres comunes.[12] Pero toda aquella tradición está ligada a las nociones del libre albedrío, la responsabilidad moral, los derechos y la ley natural. ¿Acaso podrían sobrevivir las cortes de la actualidad, cuyas prácticas penales colocan el «merecimiento» por debajo de la terapia y la protección de la sociedad? ¿Puede acaso la ley asumir una filosofía en la práctica y seguir disfrutando los resguardos de una filosofía distinta?

Escribo esto en calidad de hijo de abogado y amigo de toda la vida de otro,[13] y entablo diálogo con dos criminólogos, de los cuales uno es abogado. Creo que no debemos perder las

---

12. Ver también Lewis: *La abolición del hombre* (Nashville: Harper-Collins Español, 2016), especialmente el Apéndice.
13. Owen Barfield.

esperanzas de que nuestras dos posturas lleguen a reconciliarse, porque en el fondo tenemos las mismas metas. Deseo que la sociedad goce de protección y me encantaría ver que todos los castigos ofrezcan también una cura. Lo único que ruego es la condición *previa* respecto al demérito, la pérdida de la libertad que se justifica por razones retributivas *antes* de que se consideren otros factores. Después, que se haga lo que se desee; antes, en realidad no se plantea la cuestión del «castigo». No somos tan pusilánimes como para querer que se nos proteja incondicionalmente, si bien cuando un hombre se merece el castigo, tenemos la obligación de velar por nuestra protección encontrando una solución a ello. No somos tan entrometidos que quisiéramos mejorar a todos nuestros vecinos por la fuerza; pero cuando uno de nuestros vecinos ha perdido de manera justa su derecho a que nadie interfiera con él, debemos de una manera caritativa tratar de enmendarlo por medio del castigo. Pero no presumiremos de enseñarle algo (después de todo, ¿quién nos creemos?) hasta que se merezca la «lección» que debe aprender. Me pregunto si los doctores Morris y Buckle estarían dispuestos a concordar conmigo hasta estas alturas. De su decisión y de la de otros que ocupan cargos importantes como los de ellos creo que depende que se pueda seguir con la dignidad y benevolencia de esa gran disciplina jurídica que es el Derecho, pero también mucho más. Pues, si no peco de ingenuo, en estos momentos estamos todos contribuyendo a decidir si la humanidad debe retener todo aquello que ha hecho que la humanidad valga la pena o si debemos precipitarnos hacia ese mundo subhumano que concibieron Aldous Huxley y George Orwell y que en parte se ha llevado a la práctica en la Alemania de Hitler. Porque el exterminio de los judíos hubiese sido «útil» si las teorías raciales hubieran sido correctas; no se puede pronosticar qué aspecto habría llegado a tener, o incluso qué hubiese sido, lo «útil»; y lo «necesario» siempre fue «lo que pide el tirano».

Exmas y Crissmas

Un capítulo perdido de Heródoto (1954)

Y más allá, en el océano, con dirección noroccidental se halla la isla de Ainatirb, la que Hecateo dijo que era del mismo tamaño que Sicilia, pero que en realidad es más grande y si alguien la identificase de la forma de un triángulo no estaría equivocado. La isla está densamente poblada por hombres que visten con ropas muy parecidas a las de otras tribus bárbaras que viven en las partes noroccidentales de Europa, si bien no poseen el mismo lenguaje. Estos isleños, que sobrepasan a todos los hombres que conocemos en paciencia y resistencia, poseen las siguientes costumbres.

En el invierno, cuando abunda la niebla y la lluvia, celebran un gran festival que denominan *Exmas* y durante cincuenta días se preparan para ello de la manera en que lo describiré a continuación. En primer lugar, cada ciudadano tiene la obligación de enviarle a cada uno de sus amigos y parientes un pedazo rectangular de papel rígido que lleva una figura y que en el lenguaje de ellos se denomina tarjeta de Exmas. Las figuras representan aves posadas en ramas o árboles con hojas verdes y espinosas o si no hombres vestidos como los ainatirbios creían que sus ancestros se vestían hace doscientos años, montados en carruajes como los de sus antepasados, o también casas con nieve en sus techos. Y los ainatirbios se rehúsan a explicar la relación que hay entre estas imágenes y el festival que celebran, protegiendo (supongo yo) algún misterio sagrado. Y debido a que todos tienen la obligación de enviar estas tarjetas, los mercados se llenan a rebosar de gente que desea comprarlos, por ello hay mucho afán y fatiga.

Pero luego de haber comprado el número de tarjetas que consideran suficiente, retornan a sus hogares para encontrar tarjetas similares que otros les han enviado. Y cuando encuentran tarjetas de cualquier otra persona a la que ellos también le enviaron tarjetas, se deshacen de ellas y agradecen a los dioses porque esta labor ha terminado, por lo menos hasta el próximo año. Pero cuando encuentran tarjetas de otros a los que no enviaron tarjetas, entonces se golpean en el pecho, se lamentan y profieren insultos contra los remitentes; y luego de haberse lamentado lo suficiente por su infortunio, se colocan sus botas y se aventuran hacia la niebla y la lluvia para comprar una tarjeta para este remitente. Y en eso consiste el asunto de las tarjetas de *Exmas*.

También se envían regalos unos a otros, y sufren el mismo fenómeno que con las tarjetas o incluso peor. Porque cada ciudadano se ve en la necesidad de calcular el valor del regalo que cada amigo le enviará, para que de esta manera pueda enviarle un regalo de un valor similar, tanto si tiene el dinero para comprarlo como si no. Además, se compran unos a otros regalos de la variedad que jamás se comprarían para sí mismos. Y los vendedores, que han logrado captar esta costumbre, ofrecen toda suerte de artículos inútiles y de lo que sea, que no sirven para nada y son ridículos, de todo lo que no pudieron vender durante el año, y ahora lo venden como un regalo de *Exmas*. Y si bien los ainatirbios confiesan que tienen carencias, como metales, cueros, maderas y papel, una increíble cantidad de estos artículos de regalo terminan en la basura cada año.

Durante estos cincuenta días, los más viejos, más pobres y miserables de estos ciudadanos se visten con barbas falsas, batas rojas y salen a caminar por los mercados, disfrazados (en mi opinión) como *Cronos*. Y tanto los vendedores como los compradores adquieren un aspecto pálido y de cansancio debido a las multitudes y la niebla, tanto que cualquiera que visite alguna ciudad ainatirbia durante esta temporada pensaría que les ha acontecido alguna calamidad. Estos cincuenta días de preparación los denominan en su lengua bárbara *la fiebre de Exmas*.

Pero cuando llega el día del festival, la mayoría de los ciudadanos, exhaustos debido a la *fiebre de Exmas*, se queda en la cama hasta el mediodía. Sin embargo, en la noche logran comer cinco veces más que en cualquier día normal y, luego de coronarse a sí mismos con coronas de papel, se embriagan. Entonces, al día siguiente de *Exmas*, sienten que se van a morir por causa de haber comido y bebido tanto, y por haber sacado la cuenta de todo lo que han gastado en regalos y vinos. Porque el vino es tan apreciado entre los ainatirbios que un hombre tendría que beber el peso de un talento antes de que se embriague en extremo.

Así son las costumbres acerca de *Exmas*. Pero unos pocos entre los ainatirbios tienen otro festival, apartado y solo para ellos, que lo denominan *Crissmas*, que cae en el mismo día que *Exmas*. Aquellos que celebran *Crissmas*, cuya costumbre es contraria a la de la mayoría de los ainatirbios, se levantan temprano ese día, con rostros felices, y marchan antes del alba a ciertos templos donde celebran una fiesta sagrada. Y en la mayoría de templos colocan imágenes de una joven mujer que lleva sobre su regazo a su hijo recién nacido, acompañados de unos animales y pastores que rinden culto al niño. (La razón de estas imágenes se encuentra en cierta historia sagrada que conozco pero que no voy a repetir).

Una vez logré conversar con uno de los sacerdotes de estos templos y le pregunté por qué decidieron celebrar *Crissmas* en el mismo día que *Exmas*, pues me parecía inoportuno. Pero el sacerdote me respondió: «No es lícito, oh forastero, que cambiemos la fecha de *Crissmas*, porque Zeus habría puesto el deseo en las mentes de los ainatirbios para celebrar *Exmas* en otra fecha, o no celebrarlo de ningún modo. Pues *Exmas* y la fiebre que causa desvían los pensamientos de lo sagrado incluso en esa minoría. Y ciertamente nos alegra que se celebre con alegría *Crissmas,* pero en *Exmas* no queda nada de alegría». Y cuando le pregunté por qué toleran esa *fiebre*, me respondió: «Oh forastero, es un *pelotazo*». Supongo que el sacerdote se refirió a las palabras de algún oráculo, ya que se me hizo difícil entenderlo (porque *pelotazo* es un golpe a una pelota, habitual en los entretenimientos de los bárbaros).

Pero lo que Hecateo dijo respecto a que *Exmas* y *Crissmas* son la misma cosa no es algo digno de creer. Porque las imágenes que aparecen en las tarjetas de *Exmas* no tienen relación alguna con aquella historia sagrada que me contaba el sacerdote acerca de *Crissmas*. Y en segundo lugar, porque la gran mayoría de ainatirbios, aunque no creen en la religión de aquella minoría, envían regalos y tarjetas y participan en la *fiebre* y beben, con sombreros de papel. Pero no es probable que hombres, ni aun siendo bárbaros, deban sufrir tantas cosas tremendas en honor de un dios en el que ni siquiera creen. Pero ya he dicho lo suficiente acerca de los ainatirbios.

16.   ¿Avivamiento o declive?

«¿No creen que, aquí en Occidente, hay un gran e incluso creciente interés en la religión?», dijo el director del colegio.

No es una pregunta fácil de responder. *Gran* y *creciente* indicarían aspectos estadísticos y no tengo estadísticas a mano. Supongo que había un interés bastante extendido. Pero no estoy seguro de que el director haya interpretado las estadísticas correctamente. En la época cuando la mayoría de la gente profesaba una religión, difícilmente pudo haber existido lo que el director quiso decir con «un interés en la religión». Porque es obvio que la gente religiosa, es decir, la gente que lleva a la práctica su religión, no tiene «interés en la religión». La gente que tiene dioses le rinde culto a esos dioses; el que describe ese fenómeno como «religión» es el espectador. Las ménades pensaban en Dioniso, no en la religión. *Mutatis mutandi* también se aplica a los cristianos. En el momento mismo en que un hombre acepta a su deidad, su interés en la «religión» ha dejado de existir. Ahora tiene otra cosa en que pensar. La facilidad con la que en la actualidad podemos convocar una audiencia para debatir asuntos de la religión no ofrece pruebas de que más gente se esté volviendo religiosa. Lo único que demuestra es la existencia de un gran segmento de «votantes indecisos». Cada conversión reducirá el tamaño de este posible segmento.

Una vez que el clima de la opinión permita la formación de dichos votantes indecisos, no veo ninguna razón que evite su rápido declive. Las indecisiones, que a menudo son francas, son algo muy natural. Sin embargo, sería muy insensato no darse cuenta de que también es algo que no cuesta nada. La indecisión es una operación muy conveniente: cualquier decisión cuesta algo. Tanto el verdadero cristianismo como el ateísmo consecuente le exigen algo a la gente. Sin embargo, aceptar de vez en cuando y como una posibilidad todas las comodidades de uno sin la disciplina que exigen —disfrutar todas las libertades del otro sin sus abstinencias filosóficas y emocionales— quizá sea una decisión honesta, pero de nada sirve fingir que es incómodo.

«¿Y seguirán negando que el cristianismo ha logrado que se le respete más en las esferas más altas de los letrados que en siglos pasados? —dijo el director del colegio—. La intelectualidad se nos está uniendo. Miren a Maritain, a Bergson, a...».

Pero esto no me causó ningún sentimiento de alegría. Claro que reconozco que el intelectual convertido es una figura característica de nuestros tiempos. Pero este fenómeno habría sido más esperanzador si no hubiese sucedido en un momento donde la intelectualidad (científicos aparte) se desactualiza de casi toda la raza humana y pierde su influencia sobre ella. Los que leen a nuestros más apreciados poetas y críticos son nuestros más apreciados poetas y críticos (que por lo general no les simpatizan mucho) y nadie más les presta atención. Un creciente número de personas muy cultas sencillamente ignoran lo que los intelectuales hacen. No se comunican con ellos en lo absoluto. En retribución, los intelectuales los ignoran o los insultan. Por tanto, es probable que las conversiones de parte de la intelectualidad no sean ampliamente influyentes. Incluso podría generar la horrorosa sospecha de que el propio cristianismo se ha unido al «club de la intelectualidad», que ha sido adoptado por ella, así como el surrealismo y los cuadros pintados por chimpancés, como un método más para «impresionar a la burguesía». Sin duda alguna, esto sería terriblemente cruel. Pero, por otro lado, la intelectualidad ha dicho muchas cosas crueles de los demás.

«¿Pero incluso donde no haya alguna religión explícita, o aún esté por formarse, acaso no vemos un amplio apoyo en pro de la defensa de esas normas, ya sea que se hayan reconocido o no, que forman parte de nuestra herencia espiritual?

Me refiero a los valores occidentales —¿y por qué no decirlo, los valores cristianos?», dijo el director del colegio.

Todos los presentes hicimos una mueca de dolor. A mí en particular se me vino a la mente aquel recuerdo de un refugio con techo de metal corrugado, que era usado por la R. A. F. como capilla —unos pocos aviadores arrodillados— y un joven capellán que pronunciaba la siguiente plegaria: «Enséñanos, oh Dios, a amar *las cosas que tú defiendes*». El capellán actuaba con total sinceridad y yo voluntariamente creí que las *cosas* a las que se refería incluían algo más y mejor que los «valores occidentales», sean los que fuesen. Sin embargo... su plegaria me pareció que daba a entender un punto de vista incompatible con el cristianismo o, de hecho, que carecía de cualquier teísmo serio. Para aquella plegaria, Dios no es la meta suprema. Dios ha sido iluminado (¡qué afortunado es Dios!) y defiende los ideales correctos. A Dios se le aprecia por esa razón. Ciertamente Dios se posiciona como nuestro líder. Pero, claro, un líder debe liderar hacia algo que lo trascienda. Ese algo es la verdadera meta. Pensemos, esto está a kilómetros de distancia de «Nos creaste para ti, Señor, y nuestro corazón andará siempre inquieto mientras no descanse en ti». Las ménades eran más religiosas.

«Y los que reemplazan a la religión están siendo desacreditados. La ciencia se ha vuelto más un monstruo de la oscuridad que un dios. El cielo en la tierra que los marxistas proclaman...», añadió el director.

El otro día una dama me dijo que una niña a la que ella le había hablado sobre el tema de la muerte le respondió: «Oh, pero cuando alcance *esa* edad, la ciencia habrá descubierto algo al respecto». Y recuerdo las tantas veces en las que debatí con auditorios muy sencillos, y que descubría la firme creencia en que sea lo que sea que estuviese mal con los seres humanos sería al final de cuentas (sin tardar mucho) corregido por la «educación». Ello me llevó a reflexionar sobre todos los «acercamientos» a la «religión» que llegué a conocer en mi diario vivir. Una postal anónima me dice que debo ser flagelado en el trasero por creer en el nacimiento virginal. Un distinguido literato ateo, al que me acaban de presentar, musita incoherencias, se voltea y raudamente se aleja de mí hacia el otro extremo del recinto. Un estadounidense anónimo me escribe preguntándome si el carro de fuego donde se encontraba Elías fue en realidad un platillo volador. Me he encontrado con personas que creen en la teosofía, el israelismo británico, el espiritualismo y el panteísmo. ¿Por qué la gente como el director del colegio siempre quiere hablar de la «religión»? ¿Por qué no hablan de las «religiones»? Ebullimos de religiones. Me agrada reconocer que el cristianismo es una de ellas. Recibo cartas de personas que son santas, que no están conscientes de la existencia de esas cosas, que muestran en cada línea de texto una fe radiante, gozo, humildad e incluso humor, frente al espantoso sufrimiento. Recibo otras cartas de conversos que quieren pedirme disculpas por haber sido algo descorteses conmigo en antiguos medios escritos.

Estos pedazos y extractos son en realidad todo lo que conozco de primera mano respecto a «Occidente». Superan el tratamiento del director del colegio. Él me interpela a partir de libros y artículos. Lo genuinamente santo, los odios y las locuras que nos rodean no se encuentran en esos escritos. Y menos aún el factor negativo. Es algo más que la ignorancia, según el significado que el director le atribuye a esa palabra. El pensamiento de la mayoría carece de esa dimensión que el director da por sentada. Doy dos ejemplos que aclararán el asunto. Una vez, luego de haber comentado algo en mi programa radial respecto a la ley natural, un viejo coronel (obviamente *anima candida*)[1] me escribió para decirme que el tema le había interesado y que si no tenía «uno de esos pequeños *folletos* que tratan el tema de una manera completa». Esa es una sencilla ignorancia. El otro ejemplo es el siguiente: un veterinario, un obrero y yo nos encontrábamos de patrulla durante la madrugada. El veterinario y yo conversábamos de las causas

---

1. Una persona sincera.

de las guerras y llegamos a la conclusión de que debíamos anticipar que sucedieran otra vez. «Pero... pero... pero...», dijo el obrero. Hubo un momento de silencio y luego siguió: «¿Pero entonces cuál es el propósito de este maldito mundo?». En ese momento tuve una clara impresión de lo que estaba sucediendo. Era la primera vez en su vida que este obrero se enfrentaba a una pregunta de carácter definitivo. La clase de asunto que hemos considerado toda nuestra vida —el significado de nuestra existencia— acababa de irrumpir en su vida. Era toda una nueva dimensión.

¿Existe un Occidente homogéneo? Lo dudo. Todo lo que puede suceder está sucediendo a nuestro alrededor. Las religiones zumban en torno a nosotros como si fueran abejas. Tenemos un culto al sexo que va muy en serio, muy distinto de esa alegre lujuria de nuestra especie. En la ciencia ficción van apareciendo vestigios de religiones en estado embrionario. Mientras tanto, como de costumbre, la gente se sigue uniendo al camino cristiano. Pero, el día de hoy, la gente que no lo sigue no necesita fingir que lo hace. Este hecho cubre una gran parte de lo que actualmente se ha identificado como el declive de la religión. Aparte de eso, ¿es el presente tan distinto de otros tiempos, o es «Occidente» tan distinto de cualquier otro lugar?

17. Antes de que podamos comunicarnos

(1961)

Se me ha pedido que escriba acerca del «problema de la comunicación»; la persona que me lo ha solicitado ha querido decir «la comunicación bajo condiciones modernas entre los cristianos y el mundo exterior». Y, tal como me sucede cuando se me pregunta sobre algún asunto, me siento un poco avergonzado por lo sencillo y aburrido de mi respuesta. Siento que lo que debo decir se encuentra a un nivel más burdo e inferior de lo que se esperaba.

Mis ideas en torno a la «comunicación» son puramente empíricas y por medio de dos anécdotas (ambas muy ciertas) ofreceré ejemplos respecto a la clase de experiencia sobre la cual están basadas.

1. El antiguo Libro de Oración ofrecía una plegaria por los magistrados para que logren «dictar sentencia de una manera veraz e indiferente». Luego, los que actualizaron su estilo creyeron que la lectura sería más fácil si cambiaban *indiferente* por *imparcial*. Un amigo que conozco y que es pastor de una iglesia rural le preguntó a su sacristán qué pensaba del significado de la palabra *indiferente* y recibió la respuesta correcta: «Significa que no hay diferencia alguna entre un chico y otro». «¿Y qué crees que significa *imparcial*?» —prosiguió el pastor. «Ah —dijo el sacristán luego de hacer una pausa—, no sabría decirle».

Todo el mundo puede darse cuenta de lo que los revisores tenían en mente. Tenían temor de que la gente de a pie interpretara *indiferente* como si fuera «con indiferencia o desdén». Sabían que este error no lo cometería gente ilustrada, pero sí todos los demás. Sin embargo, la respuesta del sacristán revela que este error no lo cometerían los menos educados de toda la sociedad, sino los del medio, aquellos cuyo lenguaje está a la moda (nuestros ancianos dirían que es un lenguaje «respetuoso») sin necesariamente aparentar que son sofisticados. Las clases más altas y las más bajas están en terreno seguro respecto a esta moda; y la palabra *imparcial*, que a los que asisten a la iglesia y pertenecen a ese nivel social medio les evita malos entendidos, para los sencillos no tiene ningún significado en lo absoluto.

2. Durante la guerra tuve una confrontación con un obrero en torno al asunto del diablo. Me dijo que creía en el diablo, pero «no en un diablo personal». La discusión prosiguió y se volvió más acalorada y desconcertante para ambos lados. Era claro que hablábamos de cosas distintas. Luego, súbitamente y casi de una manera fortuita, descubrí cuál era el problema. Se hizo obvio que desde el inicio de la discusión el obrero le daba a la palabra *personal* el simple y llano significado de *corpóreo*. El hombre era inteligente y, una vez que descubrimos el problema, no tuvimos más dificultad en comunicarnos. Al parecer, no estábamos en desacuerdo en nada. La diferencia entre los dos era un asunto de terminología. Me hizo pensar en los miles de personas que dicen que «creen en Dios, pero no en un Dios personal» y que en realidad nos están tratando de decir que, en el estricto sentido de la palabra, no son *antropomorfistas* y, de hecho, en este punto creen conforme a una perfecta ortodoxia.

En lo que los revisores del Libro de Oración y yo nos equivocamos fue en lo siguiente. Ambos teníamos nociones *a priori* respecto a la manera en que la gente sencilla se comunica. Di por sentado que el uso que el obrero le daba a las palabras era el mismo que yo le daba. Así mismo, los revisores, de una manera más sutil pero no más acertada, dieron por sentado que todos conocen la acepción de *indiferente* que trataron de evitar en su corrección. Pero, por lo visto, no debemos decidir *a priori* lo que otras personas nos quieran decir en inglés o español tanto como cuando un francés nos dé a entender

cosas por medio de su idioma. Debemos ser totalmente em-
píricos. Debemos prestar atención, tomar nota y memorizar.
Y, claro, debemos abandonar hasta el más mínimo vestigio
de esnobismo y pedantería acerca de los usos «correctos» e
«incorrectos».

Siento que todo esto es muy monótono y ordinario. Cuando
uno desea debatir el problema de la comunicación a escala
mayor y filosófica, cuando uno desea conversar acerca de los
conflictos del *Weltanschauung* y el dilema de la conciencia moderna, urbana o en crisis, es escalofriante que se nos diga que
el primer paso es sencillamente lingüístico según su significado más crudo. Pero así es la cosa.

Lo que queremos ver en todo examen de ordenación es que
se tenga la obligación de escribir un ensayo sobre traducción
(así de sencillo); algún pasaje de una obra teológica que se
vierta a un español que lo entienda toda la gente. Que sea una
versión sin adornos, que no se diluya su contenido ni sea informal. El ejercicio sería como escribir prosa en latín. En vez
de decir: «¿Cómo lo hubiera dicho Cicerón?», debería pregun-
tarse: «¿Cómo lo habrían dicho el muchacho que me hace los
mandados o la chica que me limpia la casa?».

De inmediato descubrirán que esta tarea tiene dos deriva-
dos muy útiles.

1. Durante el proceso de eliminar del asunto todo lo que sea
técnico, adquirido o alusivo, descubrirán, quizá por primera
vez, el verdadero valor de haber aprendido otro idioma, es decir, el idioma de la brevedad. Este es capaz de decir en diez
palabras lo que en lenguaje popular a duras penas cabría en
cien palabras. La versión popular del pasaje que uno traduzca
tendrá que ser mucho más extensa que el original. Y tendremos que aceptarla tal como es.

2. También descubrirán —por lo menos yo, un copioso
«traductor», creo que lo he descubierto— cuánto o cuán poco,
hasta ese momento, han entendido del idioma que intentan
traducir. Una y otra vez he tenido que pasar por vergüen-
zas a ese respecto. Uno cree o piensa que tiene una postura

particular, digamos, de la expiación o de los decretos o de la inspiración. Y uno podría pasarse años discutiendo y defendiendo estas posturas contra los demás *de su propio entorno*. Luego se presentan nuevos refinamientos para responder a los críticos; metáforas brillantes parecen iluminar sus partes oscuras; comparaciones con otras perspectivas, posicionamientos, parecen de alguna manera establecer su posición en una especie de aristocracia de las ideas. Porque todos los demás conversan con el mismo lenguaje y todos se mueven en el mismo mundo discursivo. Todo parece ir bien. Entonces, intenten ahora explicar esas mismas ideas a un mecánico inteligente o a un escolar inquisitivo, sincero, pero superficial y bastante irreverente. Les dispararán algunas preguntas de una crudeza impresionante (que jamás se darían en círculos de erudición). Se sentirán como un extremadamente hábil espadachín que se ha quedado helado porque su oponente le acaba de ganar la contienda tan solo porque desconoce todas las reglas más básicas. La pregunta cruda resulta ser fatal. Al parecer, uno jamás llegó a entender lo que por tanto tiempo sostuvo. Jamás reflexionó realmente sobre ello; no hasta el final, no hasta «las últimas consecuencias».

Ahora deben abandonarlo o empezar de nuevo. Si, dando por sentado que tienen paciencia y destreza común, no pueden explicar nada a ninguna persona razonable (considerando que esté dispuesta a escucharlos) entonces en realidad aún no han entendido lo que quieren explicar. Este caso es también como dedicarse a la prosa en latín; las partes que uno no puede verter al latín son por lo general las mismas que no ha entendido en español.

De lo que realmente y en particular necesitamos protegernos es precisamente de las palabras de moda, esas que encandilan, las de nuestro propio entorno. Para su generación, quizá sean las siguientes: *compromiso*, *promesa*, *frente a*, *bajo juicio*, *existencial*, *crisis* y *confrontación*. Estas son, de todas las expresiones, las menos inteligibles por cualquiera que se ciña a alguna escuela de pensamiento, según su década y su clase social. Son como un lenguaje familiar o una jerga entre escolares. Y quizá nuestro lenguaje privado nos engañe a nosotros mismos y desconcierte a los de afuera. Las palabras que encandilan aparentan tener mucho significado y brillo. Pero quizá nos engañan. Lo que obtenemos de ellas a veces tal vez no sea tanto un claro entendimiento como profundo agrado de saber que estamos en casa y entre nuestra propia gente. «Nos entendemos unos a otros» muchas veces significa «somos solidarios entre nosotros». La solidaridad es algo bueno. Quizá incluso, en ciertos sentidos, sea algo mejor que entendernos intelectualmente. Pero no será lo mismo.